南の島に住みたい！

いのうえ りえ

東洋経済新報社

はじめに

日本は本州、北海道、九州、四国を含め、計6852の島々によって構成されている。これらのうち、6424島は無人島であり、人が暮らす有人島は本州などを含めて428島となる。

ここから、さらに沖縄県、鹿児島県、そして伊豆七島・小笠原諸島の有人離島を〝日本の南の島〟としてこの本では定義づけ、これらの南の島々へ移住した人々を紹介していきたいと思う。

今回、この本をまとめるにあたり、沖縄・鹿児島の離島へ渡った。実際、現地へ足を運んで思ったのは、同じ日本だとはいえ、非常に〝遠い〟ということである。

確かに飛行機の便も増え、船もスピードの速いジェットフォイルなどが増えている。それでもやはりいざ向かうとなると、飛行機を乗り継ぎしなければならなかったり、大時化《しけ》で船が欠航になってしまって、なかなか目的の島へたどりつけなかったりした。

都会の暮しにすっかり慣れてしまい、電車に乗って、すぐに目的地へ行ける生活が当たり前だったりすると、離島は〝行くだけ〟でも大変だ。

しかし、そんな〝不便〟を〝不便〟と思わず、離島へ移住する人々が増えている。

家族と一緒に、単身で、好きな人と2人で、あるいは定年後の第2の人生のステージを求めて。

実際、取材で訪れてみると、いろんな人々が本州から移住し、島での暮しを楽しんでいた。その人たちの生活ぶりを見ていると、何だか都会でせかせかと時間に追われながら暮らしている自分がとても小さく見えてきた。

それはなぜだろう？

おそらく島へ移住した人々は、島へ移住したことによって、〝自分たちの場所〟そして〝自分たちの時間〟を体得したからではないだろうか。

まわりの人に左右されない、小さなことに一喜一憂しない、どっしりと構えた〝精神力〟が備わっているというのが、島へ移住した人々の一貫した印象であった。

しかし、移住したきっかけなどを聞いていくと、意外に私たちがふだん悩んでいるようなことで落ち込んでいた時期があったり、共感する部分も多かったり。彼らは特別な人々ではなく、つい最近まで隣にいたような、そんな人たちばかりだった。そんなことも新たな発見であり、新鮮な驚きだった。

第1章では、島へ移住した人々の話をじっくり聞き、まとめてみた。

もし、あなたが南の島へ移住したいと思っているのであれば、どの人の経験も何かしら参考になると思う。

第2章では島で仕事を見つける方法を事例を通して紹介する。実際、小さな離島へ行けばいくほど、職がないのが現状である。ならば、どうするか。今までのスキルを生かす場合、まったく新しい仕事に挑戦する場合、はたまた自分で職を〝創って〟しまう場合。さまざまなケースを参考にしていただけたらと思う。

第3章では、今回取材した人々の話から、実際に移住するためには何から始めればいいのか、どんなことを考えなければならないのかを伝えるハウツー編になっている。

コラムとして日本の南の島ではなく、海外の南の島へ移住した人々の事例も紹介している。

また、最後に日本の〝南の島〟の生活情報をまとめておいた。行きたい島が決まっている人は、その島の情報をここで収集していただければと思うし、どこにするか検討中の方は、その比較の材料にしていただければ幸いだ。

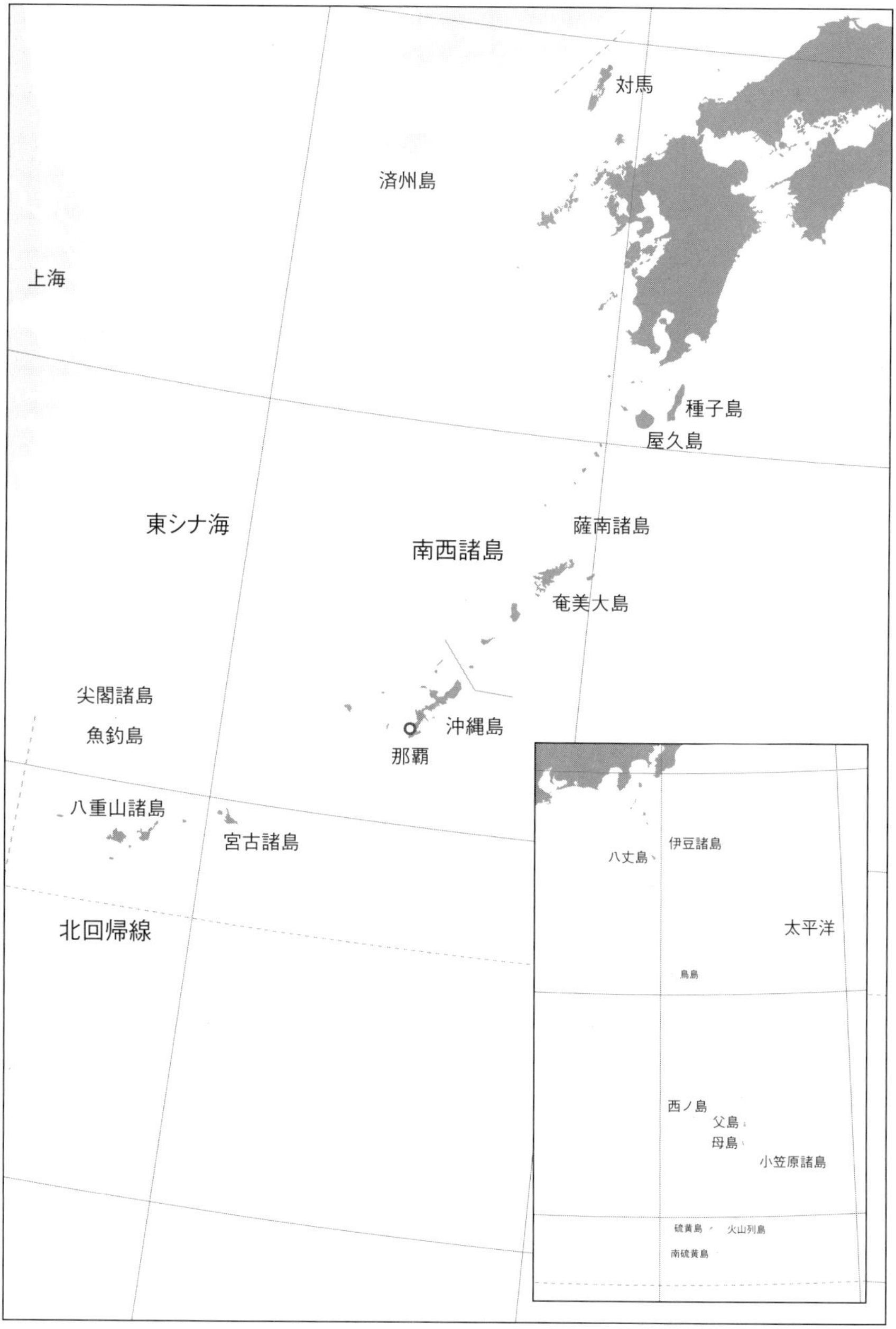
対馬
済州島
上海
種子島
屋久島
東シナ海
薩南諸島
南西諸島
奄美大島
尖閣諸島
魚釣島
沖縄島
那覇
八重山諸島
宮古諸島
北回帰線
伊豆諸島
八丈島
太平洋
鳥島
西ノ島
父島
母島
小笠原諸島
硫黄島
火山列島
南硫黄島

第2章

南の島で仕事を獲得する方法

第3章

さあ、準備を始めよう！ 移住実践編

資料

島へ移住するための生活関連情報

第1章

ルポ 人生をオールリセットして島へ移住した人々の物語

沖縄本島、種子島、奄美大島、屋久島、宮古島

今回、取材に訪れたのは日本の南の島、沖縄本島を含む5つの離島。
たった、5つの離島なのに、
実にさまざまな職種、バックグラウンドを持った人々が移住していた。
この人たちがなぜ島へ移住したのか、
移住のために、どんなことが大変だったのか、
そして現在は島でどんな生活をしているのか、その物語を紹介しよう。

南の島へ家族と一緒に移住。
豊かな気持ちで暮らせる
場所を求めた人々

STORY 1

群馬県前橋市
▼
奄美大島

土木設計コンサルタント会社社長から水泳指導員に。仕事も生活もオールリセット。社長のイスを捨て、一家6人で奄美大島へ

霜触《しもふれ》 哲也さん（39歳）

●奄美空港へ降り立った瞬間、ここなら暮らせる。そう思った

「すぐにウチへ来ていただいてもいいのですが、もしお時間があれば、笠利町を少しドライブしながら案内させていただけませんか」

奄美大島へIターンした人々の取材のため、空港へ降り立った私を迎えに来てくれていた霜触哲也さんは、開口一番そう言った。

真っ黒に日に灼けた顔に満面の笑みを浮かべながら。

「是が非でもまずは奄美大島を見てほしい、感じてほしい」という霜触さんの思いが、初対面にもかかわらず、ひしひしと伝わってくる。

私はその言葉にすんなり甘え、霜触さんの白いライトバンに乗せてもらう。

日差しが眩しく、風の心地よい日だった。

PROFILE
霜触哲也（しもふれてつや）
1962年11月14日生まれ。群馬県前橋市出身。東海大学工学部土木工学科卒業後、父親の営む土木設計コンサルタント会社へ就職。33歳で社長職に就くが、平成11年3月31日、家族と共に奄美大島へ移住。現在は笠利町B＆G海洋センター職員として子どもたちの水泳指導、環境教育などに携わる。
家族構成：妻の弘美さん（40歳）、祐弥君（16歳）、卓弥君（14歳）、直弥君（13歳）、さとみちゃん（10歳）

「本土から、友人が初めて奄美を訪ねてくると、まずはこうやって車で島を案内するんです。案内しながらね、実は僕が一番嬉しくって、喜んでる。ほら、本当に海がきれいでしょ。僕は奄美へ来て、青色にも何百もの種類があることを知った。本当に毎日、海の色も空の色も違う。しかもどの〝青色〟も息がとまるほど美しいんです」

霜触さんの住む笠利町は、奄美大島の最北端に位置している。なだらかな平地と多くの美しい海岸を持つ町だというのは、あらかじめの知識として持ってはいたものの、その美しさは想像以上だった。コバルトブルーの海、さんご礁、それらと白い砂浜のコントラストが本当に眩しい。木々も実に元気のいい緑色を放ち、澄みきった青空は太陽の匂いまでも私たちに運んできてくれる。

太陽、海、空、砂浜、そして生い茂る緑の深い木々。すべてに〝勢い〟があり、それでいて私たち人間を優しく包んでくれる。

潮の香りをたっぷり含んだ風がまた心地いい。心をさらさらにしてくれるような、実に気持ちいい風だ。

「移住する前はね、家族と一緒に毎年必ずサイパンへ旅行していたんです。それもあったんだと思うんだけど、初めて奄美空港へ降り立ったとき、何とも言えない、サイパンの海のような甘い香りがしたんです。その香りを感じた瞬間に、あっ、ここなら住めるかもしれない。直感でそう思ったんですよ」

海の、甘い香り。それはほんの一瞬に感じとったことだった。

しかし、その香りが霜触さんの背中を押してくれたのだと思う。

その〝直感〟を信じて、霜触さんは家族6人で奄美大島に移住することを決め、新しい人生をスタートさせたからである。

●年に一度、サイパンへ家族旅行。それが島へ憧れる第一歩だった

実家が土木設計のコンサルタント会社だった霜触さんは、家業を継ぐことを意識して土木工学科へ進学。卒業と同時に入社し、33歳のとき、父親が会長職へ退いたのを機に社長となった。

「いわゆる仕事人間でした」と霜触さんは当時を振り返る。

仕事は朝早くから深夜遅くまで。「それが当たり前でした」。酒席も多く、「夜8時から11時まで仕事関係の人たちと飲んで、そのまま帰ればいいのに、そこからこそ、〝本当の飲み会だ！〟などと豪語して飲んでましたね」。仕事人間である自分に〝酔っていた〟し、それが実際、楽しい時期でもあった。

妻の弘美さんとは高校時代に知り合い、20歳で結婚。4人の子どもにも恵まれたが、「子どものことは女房に任せきりでした」。事実、奄美へ移住するまで、子どもたちが前橋の水泳教室に通っていたことをまったく知らなかった。それほど家庭のことに無関心だった。

それが、あるときから「なんて、自分は無駄なことに力を入れているんだろう」と思い始める。きっかけは、奄美大島へ移住する数年前から始めていた、年に一度のサイパン旅行だった。当初は「ふだん、家族に対して父親らしいことが何ひとつしてやれないのが申し訳なくて、家族サービスのつもりでした」

サイパンは暖かい。特に何をするわけでもなく、目の前に広がる美しい海をただ眺めているだけで心穏やかになる。豊かな気持ちになってくる。その感覚が霜触さんには新鮮だった。

「たった年に一度のことなのに、その景色の中に、身を委ねるようにしてのんびり過ごすうちに、人間が生きていく上で必要としているものって、本当は少ししかないんじゃないかって思えるようになってきたんです。僕の場合だったら、家族がいて、この景色があれば、実はそれでも

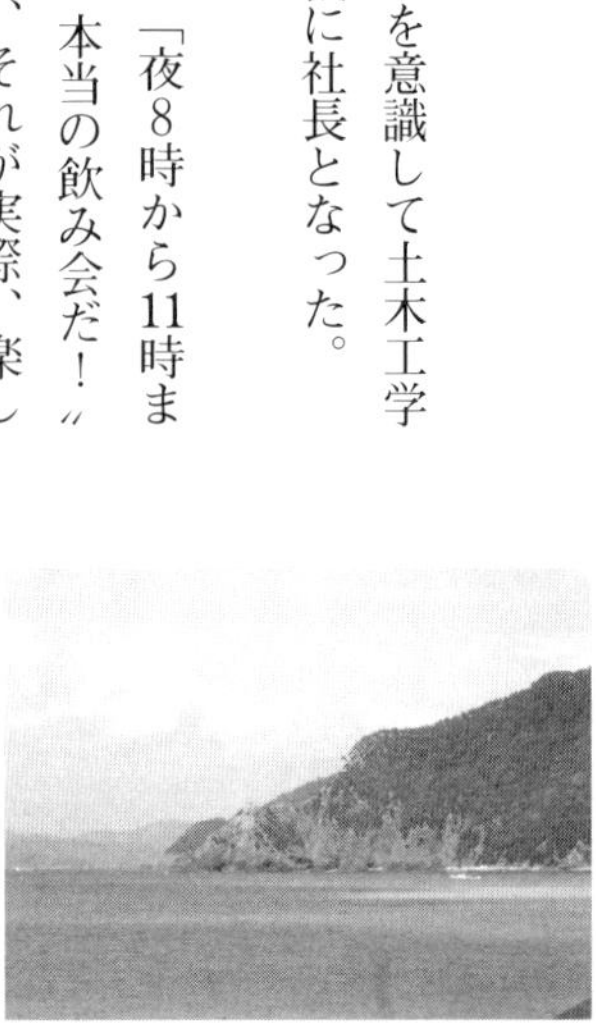

う十分幸せなんじゃないか、と」

その頃からだった、漠然と「南の島で暮らしたい」と思うようになったのは。

●「社長を辞める」。そう断言した翌日、奄美大島へ！

「でも、もし、会社でうまくいっていたら、奄美大島へ移住はしなかったかもしれないな」と霜触さんはいう。

会長でもある父親は、一代で築き上げたということもあり、会社に対しての思い入れがことのほか強かった。そのため、社長のイスを霜触さんに譲り、自らは会長となって第一線を退いた後も、息子の霜触さんに経営を全面的に任せようとはしなかった。どんなに霜触さんが、自分の経営方針を主張してもそれは無視され、それどころか社長の存在を無視して会長と役員で経営方針を決定してしまうこともあるほどだった。

さすがに堪忍袋の緒が切れた霜触さんは、会長に決断を迫る。

「僕のやり方で会社を動かしたいのですが、それは無理なんでしょうか」と。

「会長の返事は〝お前の思いどおりにはさせない〟でした。その言葉を聞いた瞬間、ああ、もうこの会社で僕が頑張る必要はないんだと思った。〝だったらもう僕は辞めます。明日から来ないので、好きにやってください〟と会長に言って、会社を出ました」。その日は仲のよかった同業者たちと朝まで飲んだ。飲みながら「会社を辞める」ことが、自分の中でどんどん現実化していた。

では、この後の人生をどうするか。

朧《おぼろ》げに「南の島」という言葉が頭に浮かんだ。しかし、それ以上のイメージはまだ膨らんで

家賃3万円で借りた家。

はいなかった。

　翌朝。

　まだ酒の残る朦朧《もうろう》とした意識の中、自宅へ朝帰りする。ちょうどそこに母親がいたので、ことの顛末を話しながら、ふと、こんなことを口にしていたという。

「母さん、僕、前から夢だった南の島へ行くよ」と。

　母親は不思議なくらい、驚かなかった。「そうね、そうしたらいいんじゃないの」と、霜触さんが南の島へ行くことをむしろ応援するような口ぶりで、次のような情報を提供してくれた。

「そういえば、昨日、テレビのニュース番組で、奄美大島の大和村《やまとそん》というところの、里親制度をやっていたのよ。過疎だからそういう制度があるわけでしょ。そんなところだったら、家族揃って行っても受け入れてくれるかもしれないわよ」と。

　奄美大島？

　名前は聞いたことはあったが、どこにあるのかは知らなかった。しかし、霜触さんは不思議な縁を感じた。今、こういう状態にある自分が、この瞬間にこの島の名前を聞いたことに対して。

　霜触さんは早速、テレビ局に電話をかけ、大和村の連絡先を聞き、そこで里親制度を実施している小学校の教頭を紹介してもらい、電話をした。

「そうしたら、その教頭がこれまた親切な方で〝来てくださるのはいつでもいいですよ。東京に奄美旅行センターというところがあって、そこなら急でも安くチケットが手に入るかもしれないので、そこへまず行かれてはどうですか？〟とチケットの入手方法まで教えてくれたんです。これはもう、とにかく行くしかないと思い、すぐにチケットをそのセンターで購入し、翌日にはもう、奄美へ向かっていました」

　霜触さんには、会社への不満が溜まりに溜まっていただけではなく、実は同時に、一方で自分

妻・弘美さん、
愛犬リリーと

でも驚くぐらい〝南の島への思い〟が心の奥底に溜まっていたのかもしれない、という。

とにかく、いろんな感情が一気に吹き出したことで、勢いがついた。このときの霜触さんには、奄美大島行きの飛行機に乗ること以外、考えられなかった。

●家族が住める家を探すことからスタート

奄美大島へ到着した霜触さんはその足で大和村へ向かった。滞在予定は1泊2日。しかし、大和村の里親制度は、残念ながら子どもだけを受け入れる制度だった。

「いや、家族全員で来たい」。

空港へ降りた瞬間に感じた、あの「ここなら住めるかもしれない」という直感を頼りに、霜触さんは移住を実現するための情報収集を始めることにした。1泊2日の間に島中の役場を訪ね、町の便覧を集めた。いくつかの市町村で『Iターン者のための定住促進事業』が行われていることも、この情報収集で初めて知った。

それから約1年の間に、霜触さんは計14回、奄美へ通いつめることになる。

単身で島へ渡るのであれば、着の身着のままでも何とかなる。しかし、霜触さんには妻の弘美さんと4人の子どもがいる。家族6人がちゃんと暮らしていける準備をしておかなければならない。そう思った霜触さんは1年かけてその準備をすることにしたのである。

何はともあれ、見つけなければならないのが「住まい」だった。定住促進事業を実施している村や町も一通りあたったが、奄美大島群島内に保証人が必要だったり、空き家物件がなかったりして、なかなかどうもうまくいかない。

そんな中、物件を探しはじめて4カ月目のこと。ちょうど平成10年7月頃だった。笠利町内

家の前が海！
すぐにマリンスポーツが楽しめる。

に物件が見つかった。霜触さんの希望だった〃海が目の前で、学校も近く、家族6人の住める広さのある〃一軒家だ。何度か奄美大島へ通っているときに行きつけになった居酒屋の女将が、不動産を持つ常連客に霜触さんのことを話してくれたのがきっかけで、貸してもらえることになったのだ。

「3LDKで廊下も広く、家族6人で暮らすには申し分のない広さでした。ただ、古い家でトイレもボットン（笑）だし、風呂には浴槽もない。エアコンもついていなかったので、まずはそのあたりを改修することから始めました」

家賃は3万円。権利金・敷金といったたぐいのものは一切なし。

霜触さんは布団とテレビ、そして洗濯機を積んだライトバンを東京の晴海埠頭から送り、月に約一度の頻度で来島し、改修工事をしながら、奄美での生活を開始した。

「エアコン、トイレ、給湯器など家の改修費用は諸々で約100万円。地元の人たちの手を借りながら、徐々に家族が住める家にしていきました」

●家族は転居に猛反対、仕事は決まらないままといった状態で移住を実現

霜触さんは翌年の、子どもたちが進級する新学期が始まる前には家族を連れてこようと決意し、着々と準備を始めていた。

「仕事は、これまでの土木設計の経験が活かせればとは考えていましたが、それに加えて何か地域と交わりのある仕事として、海かプールでアルバイトなどもできたらいいなとは思っていました」

余談だが、霜触さんは中学高校と水泳の選手で、群馬県下で一位になった経験もあるほど。だからこそ、周囲が海である島での仕事として、得意な水泳を活かせれば、と思ったわけである。

ただ、水泳が得意というだけでは仕事にはならないと思い、その1年の準備期間中、前橋で日赤の水上安全法救助員（ライフセーバー）の資格を取得。広島まで出向いて一級船舶の免許も取得し、サイパンも訪れてレスキューダイバーの資格も取っておいた。

こんな具合にどんどん準備を進めていく霜触さんの気持ちとは裏腹に、家族は移住に猛反対。とりわけ妻の弘美さんは気持ちの動揺を隠せなかった。

「会社を辞める話も実は直接本人から聞いてなかったんです。だから、本当に辞めるとは思っていなかったんです」と弘美さん。

驚いたのは、霜触さんは会社を辞める1年前、自宅を新築したばかりだったということ。その家を手放して奄美大島へ移住するなんて、弘美さんでなくても想像がつかないし、考えられないことだったと思う。

「女房も僕も前橋で生まれ育った。地元には親戚がたくさんいて、子どもたちが幼稚園、小学校、中学校と進学するたびに、女房は女房なりに人間関係を築き、大切にしてきた。それをすべて捨てて、まったく見も知らない人たちばかりの島へ移住し、ゼロからスタートするというのは、女房にとっては確かに気が遠くなるような感覚だったと思います」

弘美さんの父親からも「そんなに島へ行きたいんだったら、哲ちゃんひとりで行けよ、などと言われました（笑）」

しかし、霜触さんは家族6人で移住し、生活することが一番大事だと思っていた。

なぜ、そこまでして島へ行きたいのか。

「それは、今まで仕事の忙しさにかまけてなおざりにしていた家族とちゃんと向き合って、生きていくことがしたかったから。子どもたちと同じ目線の高さで暮らしていきたかったんです」

一番大切な家族と向き合って生きていく場所として、奄美大島を選んだのだ。島なら、海の

「家族揃って何かを楽しむようになった」
と霜触さん。

そばなら、手つかずの自然に囲まれていれば、家族全員が豊かな気持ちで生きていける。霜触さんはそう確信していた。

平成10年8月。貸してもらえる家の下見を兼ねて、夏休みに霜触さんは家族を奄美大島へ連れてきた。また、翌年の3月末に移住するまでの間、弘美さんとは教育のこと、仕事のこと、生活のことを徹底的に話し合った。

家族の説得も、移住のための大きな仕事だった。

結局、弘美さんも「家族みんなで暮らすことが大事。離れ離れではダメ」という思いが強かったため、自分の中で気持ちの折り合いをつけ、奄美へついていく決心をしたという。

子どもたちも最初は嫌がったが、「奄美へ行ったからといって、前橋に帰ってこれないわけじゃない。お父さんもお母さんも一緒なんだから、とにかくまずは行ってみよう」と、説得した。

そして平成11年3月31日。霜触一家6人は愛犬リリーと共に奄美行きの飛行機に乗り込み、移住をいよいよ実現することになる。

生活も仕事も人間関係もリセット。すべてがゼロからの始まりだった。

●来島して早々、町のプールに欠員が出て臨時職員に

向こう3年くらい家族6人が暮らしていけるほどの蓄えはあった。新築したばかりの前橋の自宅を売り払い、会社の株をすべて売却したからだ。しかし、蓄えばかりで暮らしていけるはずもない。次に霜触さんがしなければならないこと、それは仕事探しだった。奄美へ何度か通ううちに、それなりに知り合いはでき、そういう人たちに仕事の先を紹介してほしいと頼むこともできた。しかし、「万が一、仕事が自分に合わなくて辞めたいと思ったときに、その人に迷惑をかけ

てしまうかもしれない。それよりは職安などで自分で探そうと思い、そうしていました」

準備期間中から、職業安定所へ顔を出したりして情報収集は行っていたものの、家族と共に移住してきた時点では、職は決まってはいなかった。

そんな霜触さんに吉報が飛び込んだのは、家族一緒の生活を始めて2～3日経った頃のこと。役場からの電話だった。期末の異動で、笠利町B&G海洋センターというプールに欠員が出た。常勤の臨時職員ということで施設の管理と水泳指導の仕事に携わってくれないかという。

「本当に渡りに舟でした。思いのほか、休職中に取得しておいたライフセーバーの資格が役立ったみたいです。こういう資格を持つ、意識の高い人に水泳指導をしてほしいと思ったと、その施設の方が話してくれたんです」

そういえば、と霜触さんは思い出す。小さいころ、学校の先生になりたかったことを。

「何かを子どもたちに教えて、一緒に喜びを分かち合える先生になりたかった。その夢がこの水泳指導員という仕事で叶った。それも嬉しかったですね」

●子どもたちはすぐに島に順応。家族みんなで話す機会も増えた

移住してからすでに約3年の月日が経った。

霜触さんは、今も笠利町B&G海洋センターに勤めている。変わったのは途中で臨時職員から嘱託の雇用契約にステップアップしたことだ。

「センターへ通ってくる子どもたちが泳げるようになっていくのが嬉しいですね。忙しいときにはウチの女房や子どもたちが、手伝いにきてくれるんですよ。〝仕事として〟という意識ではなく、家族と一緒に一つのことができるのは本当に幸せなことだと思います」

奄美大島の子どもたちは人なつっこい。霜触さんの子どもたちがプールに来ると、「お兄ちゃん、お兄ちゃん！」と慕って寄ってくるそうだ。それが、彼らにとって誇りになっている。そういう姿を親としてそばで垣間見ることができたとき、本当に奄美へ来てよかったと霜触さんはしみじみ思う。

実際、霜触さんの子どもたちは予想以上の早さで地域の人々、そして子どもたちと仲良くなっていったのだという。

「奄美は年間を通して温暖だから、人も本当にゆったりしているし、フレンドリー。そういう島の風土に子どもたちの方が順応が早くて、逆に私たち親の方が気後れしてしまうほど。そういう意味で私自身は、子どもたちにとても助けられたと思う」と妻の弘美さん。

確かにまわりにはいろんな世代の人々が暮らしている。初めての土地で、はたしてこの人たちと仲良くやっていけるのか。不安を抱えていた弘美さんだったが、子どもたちのお蔭でそんな不安も一掃してしまったという。

長男はボディボードに夢中になり、次男、三男も釣りを楽しんでいる。奄美大島はなぜか相撲が盛んな地域なのだが、地域の相撲大会にも積極的に参加している。

「水泳大会の奄美選手権にも親子で出場しましてね。アナウンスで〝霜触ファミリーの登場です！〟といってくれて、会場がどっと沸いたんですよ。そんなことが、私たち家族にとっては本当に嬉しかったりするんですよね」

霜触さんは平成12年9月、沖縄で海洋性レクリエーション指導員の研修を受けた。その経験を活かして奄美の子どもたちを海へ駆り出し、マリンジェットやカヤックを楽しんでもらったりしている。

「奄美の子どもたちにとって、海は幼い頃から〝漁《りょう》〟の場であり、生活の場だった。それだけ

に海で遊ばせるということが〝海を冒瀆する行為〟と思われないよう、最初は気を使ったりしたのですが、全然そんなことはなく、みんな喜んでくれてます。だから、もっともっと島の子たちにも、海と親しんでほしい。そのためのプログラムを考えたりしていきたいですね」

とはいえ、霜触さんは何か新しいことにチャレンジする際、必ず島の人々に相談するようにしている。それはとりもなおさず、自分たちが〝島外の人間〟であり、ここに住ませてもらっているという感謝の気持ちがあるからだ。

「結局、奄美でこうして暮らせていけるのは、自分が努力したからじゃないんですよね。飲み屋の女将と知り合い、そこからまたいろいろな人々と出会ったお蔭でここにこうしていられる。そのことを忘れたくない。ここで暮らしていく限りは、地域の人たちの役に立てる人間でありたいんです」

●生活に不便はない。今までは必要以上のものを便利と思っていた

笠利町。霜触さん一家が暮らすその町にはコンビニ、ファーストフード店がない。テレビでピザの宅配サービスのＣＭを見ることはできても、頼むことはできない。でも、だからといって笠利町での生活が不便だとは思わない。なければ、自分たちで作ればいい。そんな発想が当たり前になってきた。

「今までは必要以上のモノに囲まれ、生きてきた。それこそが〝便利〟だと錯覚していた。でも違うんですよ。確かに欲しい本がすぐに手に入らないし、足りないものをコンビニへ買いに行くといったこともできない。でも、逆に本当に欲しいかどうかを考える、心のゆとりが芽生えてくる。そんなことがけっこう楽しみに思えたりするんです」

妻の弘美さんはパンを焼いたり、お菓子を作ったりする。それもやはり「なければ自分たちで作ってしまえばいい」の発想からだ。

収入は以前に比べれば、ガタ落ちである。6分の1から8分の1になった。それでも実家からお米は送ってくれるし、これまでの蓄えも多少ある。何より、お金を前みたいにホイホイ使わなくなった。必要なもの以外は何もいらない。そういう生活スタイルになってきたという。

気候も思っていたとおり温暖だし、夏の最高温度も32度くらい。最高40度を記録する群馬県前橋市よりも全然過ごしやすい。服もサンダルと短パン、Tシャツ。この3点セットがあれば、他に着るものは必要ない。だから買うこともない。

霜触さんが奄美へ移住し、一番うれしいと思うのは、やはり家族全員が互いに向き合える時間がガゼン増えたことだ。

「前橋で新築で建てた家は2階建てでね、子どもたち一人ひとりに部屋を与えたこともあり、帰ってくるとみんな自分の部屋へすぐに入って、なかなか出てこなかった（笑）。ところがここでは違う。家の中のどこにいても会話が聞こえてくる。そんな家の〝つくり〟というのもあって、いつの間にかみんなが居間に集まってあーだこーだと話しているんです」

なんだかんだと言いつつ、この居間に子どもたちが集まってくるから不思議だねと言いながら、顔を見合わせて霜触さんと弘美さんが笑う。そんな2人を見ているだけで、霜触さん一家がいかに幸せかが伝わってくる。

地位も名誉も財産も捨ててここに来た。かけがえのない家族だけを連れて。本当に必要なもの以外、一切を捨てて。

「だから、生活そのものが本当にシンプルになったし、と同時に自分の気持ちの在り方もシンプルになりましたね」

【取材を終えて】

霜触さんが〝社長〟時代に何着も揃えたスーツは、奄美へ持参したものの、湿気のせいですぐにカビだらけになり、使い物にならなくなった。人にとって必要のないものは、自然に淘汰されていくんだな。そんな気がした。

霜触さんにはずうずうしく空港まで迎えに来てもらった上、島を案内してもらい、あげくの果てにお昼ご飯までいただいた。弘美さんが、「何もないところですが、最近島の郷土料理を覚えたので、よかったら食べてみます？」と『鶏飯』（けいはん）を出してくれたのだ。鶏飯とは、お碗に6分目ほどご飯をよそって、しいたけや錦糸卵、パパイヤの漬物、鶏のささ身、ネギなどをご飯にのせて、そこに奄美の地鶏からとったスープをたっぷりかけて食べるという料理。奄美独特のもので、薩摩藩政下の時代、代官を接待したりする際に出した料理だ。

これが本当に美味しかった。シンプルなのに鶏のだしがうまく出ていて、それがご飯にすごく合う。ただ美味しいだけでなく、弘美さんの、奄美で楽しく家族と一緒に暮らしていこうという思いも伝わってきた。その愛情が嬉しくて、さらにずうずうしく私はおかわりしてしまった。

霜触さんは今後、海のない群馬の子どもたちとの交流や登校拒否児などの受け入れをしていけたらと考えている。前者の群馬の子どもたちとの交流は実はすでに平成13年7月に「奄美群島交流推進事業」として実現しているのだが、今後どう継続していくかが、自身の大きな課題だという。

「また、これまで自分と関わった人々が、奄美大島へ訪れ、何かを見つけてくれるよう、〝力を抜きつつも、力が漲《みなぎ》ってくるような〟そういう手助けができたら嬉しい」と霜触さんは話してくれた。自身が体験したことをひとりでも多くの人たちに味わってもらい、人が生きていく上で何が一番大事なのかを、伝えていきたい。霜触さんの言葉の奥にはそんな温もりが感じられる。

奄美大島の郷土料理
「鶏飯」。

STORY 2

神奈川県平塚市
▼
種子島

親子5人で神奈川県から移住。完全天日自然海塩づくりに挑む

関 鉄弥さん（40歳）

種子島は九州の南端、鹿児島県佐多岬から南方40キロメートル、鹿児島市から115キロメートルの海上に位置している。南北57・5キロメートル、面積453・8平方キロメートルの細長い島だ。古くは鉄砲伝来の島、そして最近ではロケット基地のある島として、その名を私たちは時折耳にする。

関鉄弥さんは1997年11月、家族と共にこの種子島へ移り住んだ。現在は西之表市伊関の小浜海岸に土地を借りて、完全天日自然海塩づくりに携わっている。

●自然の中で、人間らしく生活したかった

西之表市の市街地から車を東へ走らせること30分。太平洋側に面した伊関という集落に住む関さん宅を訪ねたのは、あいにく朝から曇り空という日だった。

PROFILE
関鉄弥（せきてつや）
1962年4月7日生まれ。神奈川県出身。東海大学工学部卒業後、計数機メーカーへ就職するが1年で退職。東南アジア～ヨーロッパを1年半旅をして、26歳のとき家業の鉄工所へ就職。30歳で青年海外協力隊として南米ボリビアへ行き、2年後帰国してからしばらく再び家業を手伝うが、どうしても子どもたちと自然の中で暮らしたいと思い、種子島へ。現在は完全天日海塩づくりを行っている。
家族構成：妻の由紀子さん（36歳）、長男風斗君（8歳）、次男耕平君（4歳）、長女七海ちゃん（3歳）

「こんな日は浜で塩づくりの仕事はできないので、ちょうどよかったですよ」と関さん。まさに晴耕雨読ですね、と言うと、

「いやいやまだその境地には（笑）。そんな悠長なことをいっていては、生活できないので、実はふだんは時間が空くと、バイトに行っているんです。空いた時間に手伝ってくれればいいからと言ってくださるところがあるので」という言葉が返ってきた。

まだまだ塩づくりだけでは食べてはいけないという。しかし、その言葉にはまったく悲壮感や不平不満の色合いは感じられない。

「自然相手の仕事だからまだまだ大変だけれど、でも、自分たちがこうしたいと思い、選んだ生きかただから、けっこう楽しんでますよ」

自然の中で人間らしい暮らしがしたい。

関さんがそう思うようになった原点は、若いころから、海外をあちらこちら旅していたという経験にある。とりわけ、30歳のときから、青年海外協力隊として南米ボリビアで2年間働き、暮らしたことで、その思いは一層強くなった。

「現地の職業訓練校の機械科で講師を務めたり、機械の修理などに携わりました。帰国してから3年間ぐらい、神奈川にある実家の鉄工所を手伝っていたのですが、友だちの遊びと言えば、ゴルフだったり、カラオケだったり、飲みに行ったりと大体やることは決まっていた。遊びでも何でも、日本だとお金で片づいていくわけです。それがひどくつまらないもの、虚しいものに思えてきてしまった。とくに海外での違った生活を経験してくると、いろんなことが見えてくる。考えてしまう。都会での、こういう何でもお金で解決していく、物質中心の生活って何

年15,000円の維持費で
借りている

だろう？　これでいいのかなって。それがだんだん我慢できなくなってしまったんです」

このとき関さんは35歳、妻の由紀子さんとはすでに結婚しており、次男の耕平くんが生まれたばかりだった。長男の風斗君が幼稚園へ入り、改めて子どもを育てる環境という視点で、いろいろと考え始めていた時期でもあった。

「私も、都会よりも田舎で暮らしたいと思っていました。子どもたちにとっても、そのほうがいいんじゃないかって。自分たちの食べるものくらい、自分たちで作る。それが細々とでもいいから実現できる場所で暮らしたかったんです」と由紀子さん。

いてもたってもいられなくなった関さん一家は、とうとう実家を飛び出した。

●初めて会う人も屈託なく受け入れてくれる島の人々に魅せられて

テントを積んだ車は西に向かって走り出した。九州、四国あたりで、有機農業か養鶏業ができたらいい。ふたりでそんなことを話しながらの旅だった。

それにしても次男の耕平君は生後3カ月。乳飲み子を抱えながらのテント生活は相当ハードだったのではないかと思われる。

「確かに（笑）。思っていた以上に大変で、毎日喧嘩ばかりでした。でも、栓をひねれば水道が出る、ガスが出る、スイッチを押せば電気がつくといった、今までの生活がどんなに有り難かったかということに気づかされたし、一緒に大変な思いを経験したことで家族の絆も以前にも増して深まったと思います」と由紀子さん。

そんな旅の途中、高知で製塩業を営む友人宅に立ち寄った。

「たまたま昔、アジアを旅してたときにスマトラで出会った人がいまして。彼が製塩業を営む

自分たちの目指す
田舎暮らしを実践する関さん一家。

様子が『田舎暮らしの本』という雑誌で紹介されているのを見つけていたんです」

もともと東京都出身の人だった。「とうとう彼も都会を出て、自然を相手に暮らし始めたんだ」と思い、すごく触発された。

「訪ねてみると、本当に〝僕らが目指していた〟自然の中での生活を、彼はすでに実践していました。と同時に〝こういう仕事もあるのか〟と製塩業にも惹かれ、僕らもどこかで塩づくりができたらいいなと思い、そこでいろいろノウハウを教えてもらったんです」

塩づくりを生業としようと決意した関さんは、瀬戸内海の赤穂にある塩博物館へ出向いたり、熊本県天草で塩づくりをしている人を訪ねて、1週間テントを張って毎日通い、作り方を見学させてもらったりして、ノウハウを修得していった。

問題は場所だった。

できれば、昔ながらの製法にこだわりたいと思い始めていた関さんは、「塩づくりをするなら、何よりまず海が美しい場所でないと無理だ」と考え、家族とともに九州から奄美大島へ渡った。そしてテント生活4カ月目に種子島へ〝上陸〟したのである。

「奄美大島へ到着したのがちょうど梅雨明け直後で、本当に暑かった。その暑さに耐えられなくて(笑)。もし、冬に奄美大島へ渡っていたら、奄美にしていたかもしれないですよね」

人と人の縁も不思議だが、人と土地との〝縁〟みたいなものもあって、実に不思議なもんだな、と関さんの話を聞きながら思う。奄美に降り立った瞬間、天気がよくて風が気持ちよければ、彼らは奄美で塩づくりを始めていたかもしれないのだから。

事実、関さんたちは種子島についてほとんど何の知識もなかった。

「本当にたまたま寄っただけでした。バリ島で知り合ったサーファーの友人が〝種子島はいいところだよ〟と話してくれていたから、じゃあ、奄美は暑すぎるから、早く抜け出して、ちょ

っと種子島へ寄ってみるかって。そんな軽い気持ちでした」

島に着いてすぐ「酒井商店」という自然食品の店を訪ねた。〃自然食品〃の店なら「自然相手に仕事をしている人を知っているだろう」と考えたからだ。そこで紹介されたのが大山さん夫婦だった。後で登場していただくが、東京、名古屋でサラリーマン生活をした後、種子島へ移り住み、現在は自然養鶏業を営んでいるご夫婦である。

そして大山さん夫婦に出会い、その集落の人々に出会ったことで、何も余計なことは考えず、種子島で塩づくりを始めることにしてしまったという。

「何ていうかな、ごくごく自然に〃この島がいいよね〃っていう感じになっていて、それは由紀子も同じでした。というのも種子島の人々があまりに親切で、温かかったからだと思う。大山さんは集落の人々に声をかけ、僕らがここで塩づくりできるよう、何かと働きかけてくれた。初めて会ったばかりで、どんな人間かもわからないのに、テント生活は大変だろうと言って、お風呂に入れてくれたり、食事でもてなしてくれたり。そのとき、ちょうど大きな台風がきていてね、さすがにテントでは寝られないだろうからと、この地域の公民館にしばらく滞在させてもらえるようにしてくれたり。集落の人たちもみんなそんな感じでした」

初めて会った人間に、こんなに親切にできるなんて〃人として〃すごい。関さんは素直に感動した。

もちろん、すべてが順風満帆にいったわけではない。当初、大山さん夫婦が暮す安城《あんじょう》というところで塩づくりをするつもりだったが、かなり準備が進んだ段階で、そこに河川の水が流れてくることがわかり、塩づくりには適さない場所だったことが判明してしまったこともあった。

余儀なく関さんはそこに塩田を作ることを断念し、別の場所を探さなければならなかった。役場の人々にも協力してもらいながらようやく探し、見つけたのが、今、関さん夫婦が塩づく

注文したい人は電話かFAXで。
TEL&FAX 09972-8-1601

りをしている伊関《いせき》である。ここにある柳原という集落で暮らすことを条件に、塩田の土地を借りられることになった。

関さんは、地元の建設業者でアルバイトをしながら、貸家のリフォームと、塩づくりの準備を再び開始したのである。

●島の生活は「やりたいこと」「やるべきこと」に満ちている

塩田は太平洋を望む海沿いにある。

関さんが始めた塩づくりは「枝条架流下式塩田」というもので、昔ながらの塩づくりを復活させた方法だ。もう少し詳しく言うと、海水をタンクに汲み上げ、竹の枝を組み合わせたやぐらに噴霧し、循環させる。そうすると風と太陽の力で水分が蒸発し、かん水と呼ばれる塩分18％の海水ができる。そのかん水を今度は透明のビニールで作ったハウスの中の結晶棚に注ぎ、天日によって塩が結晶するのを待つ。そして出来上がった塩は、木綿袋に入れて、脱水機にかけて塩とにがりを分離させる。それで天日塩の完成だ。

関さん夫婦は徹底的に自然を相手にできる仕事であること、そして何より「美味しさ」にこだわって、この製造方法で塩づくりを実践することにしたのである。

とはいえ、すぐに始められたわけではない。借りた土地を整地し、竹枝でやぐらを組み、そしてハウスなど施設を作るのに、実に1年半の歳月をかけている。もちろん家族だけでできるはずもなく、ここでもまた地元の人々が全面的に協力をしてくれている。

塩については何度か天草の塩づくりの人や、高知の友人などに教えてもらい、勉強を重ねた。

そうしてついに塩づくりを開始したのが、２００１年11月。最初の頃は調子がよかった。晴

完全天日自然海塩は250gで700円。

天が続いたのもあって、塩は予想以上にどんどん出来上がり、棚にたまっていった。

「プップッと塩の結晶が結晶棚にたまり始めて、子どもたちにもつまんで食べさせたんです。そしたら美味しいね、美味しいねって言ってくれて。このときの安堵感は本当に忘れられない」

当初は、塩づくりに気をとられていて、販路のことなどまったく考えていなかった。そのため塩をどう売っていけばいいのかわからず、完成した塩は家の中で山積みになっていくばかりだった。「さすがにどうしたものかと思いあぐねていたとき、出身地、平塚のタウン誌で僕らの塩づくりが取り上げられ、それを機にポツポツと注文が入ってくるようになったんです。本当に助かりました」

口コミで広がり、種子島でも3件、神奈川、群馬、埼玉、鹿児島方面の小売業者からも、関さんの塩を扱いたいという申し込みがあり、次第に売れていくようになった。

ところが、だ。今度は種子島でも歴史に残るような記録的な大雨と、信じられないほどの異常気象で日照不足が続き、塩の生産量が追いつかなくなってしまう、という事態に陥ることになる。

本当にお天道さまの〝気分〟次第の仕事だ。

「だから、まだまだ製塩だけで生計は成り立っていないんです。アルバイトもしかたないことだと割り切ってます」。それで、自分たちが食べていくだけの収入は何とか確保できている。「それで十分です」と関さんはいたって楽観的だ。

塩づくりの傍ら、米づくりや家庭菜園も始めた。野菜は自分たち家族が食べるものくらいは自分たちで、という感覚で季節ごとの野菜を作っている。お米も1年分ほどの収穫はあるという。

〝自分たちで〟の中には、もちろん子どもたちも入っている。由紀子さんは子どもたちにも積極的に家の仕事、自給自足のための作業を手伝ってもらっている。

「長男は鶏のエサやり、家の掃除、薪風呂の焚きつけと、私たちの留守中、弟たちの世話をよくしてくれます。野苺を一緒に採りに行ったり、焚き火をしたり、田植えなども子どもたちと一緒にします。まさに毎日の生活がアウトドアっていう感覚。子どもたちもイキイキと生活を楽しんでいます」と由紀子さん。

ちなみに、関さん一家が暮らす一軒家には水道が引かれていない。井戸水があるものの、量が少ないため、1日おきに大型タンクで水を買いに行っている。そこが不便と言えば、不便だが、それもまた水の大切さを実感しながらの〝自然な生活〟だと、関さん一家はとらえている。

●ここでは「部落」は差別用語ではない。共に生きる仲間

関さんが種子島へ移住し、一番驚いたのは「部落」という言葉がごくごく自然に使われていることだった。「部落」は都会では差別用語になる。

「市民であるという社会単位の下に、校区民、部落民という集合体があるんです。校区民というのは、ここでいえば『伊関』となり、その下に『柳原』という部落があることになる。部落という表現は決して差別用語ではなく、その集まりの中で決まり事があり、行事を一緒に行いながら暮らしていく、生活集団を指すわけです。ちなみにこの柳原という部落は約100年前に、甑島《こしきじま》から移住してきた人々が作った部落なんです」

部落ではみんなで力を合わせて畑を作り、その収入を組合費にあてたりしている。関さん一家も、柳原の人々とさとうきびの収穫を行ったりしている。

「正月の顔合わせ、など実にさまざまな行事もあります。さとうきびの収穫を手伝う4~5日間は自分の仕事ができないこともあります。でも、協力しあって助け合いながら、生きていく

子どもたちも親の仕事を
積極的に手伝っている。

という習慣がここには息づいている。新しく移住してきた人にとっては、それが苦痛に思えるかもしれない。でも、僕らがここで塩をつくることができるようになったのは、地元の人々の協力があったからこそ。だから部落民として手伝えることは、ちゃんとやっていきたいなと思う」

Iターン者の中には、その土地に住みながら個人主義的な生活を送る人もいる。確かに地域社会の決まりごとの中には時代の変化とともに、今の生活にそぐわない事柄がたくさん出てくることも多い。

「でもね、田舎暮らしは地域社会に飛び込むことから始まるような気がするんです。いろいろな考えを持った人々、いろいろな職種の人々、さまざまな年代の人が、実にさまざまところから島に集まり始めている。その人たちが地域の人たちと一緒になって、新しい時代を模索していくことが、一番理想的な、新しい時代的な、田舎暮らしになると思います」

【取材を終えて】

関さんが話をされる傍らで、妻の由紀子さんが話に加わりながら、七輪でもち米の団子を作り、それをゆっくり沸騰した鍋のお湯にくぐらせ、食べさせてくれた。モチモチしてて、柔らかくて、素朴な味わいだった。

たぶん、関さんご一家の暮らしは、そのもち米のお団子のような味わいなのかもしれない、と思った。そして、人間が時間に追われるのではなく、時間がそこにいる人間の存在をしっかり認識しながら、そばをゆっくり通りすぎていくような、そんな静けさがとても心地よかった。

そうそう、関さんの作っている塩は海の香りそのものだ。

ちょっと指でつまんでなめてみると、にがりがそのまま残っていて、苦く、しょっぱい。それでいてどこか、本当にかすかに甘い。種子島の素朴さと、暖かさと、自然がもたらしてくれる豊

のびのびと成長している
子供たち

かさ、すべてが凝縮されている、そんな味わいがあった。

塩屋かわら版 創刊号
NO.1 2000.11

ついに塩の結晶現われる！


神奈川県から種子島に移り住み4年目。伊関の小浜海岸に土地を借り、整地をはじめたのが一年と半年前。

ようやく施設が完成し、ハウス内の結晶棚にはプツプツと塩の結晶が表われ出した。

3人の子供達にも結晶をつまんで食べさせる。「美味しいね」「美味しいね」皆で抱き合って喜んだとき。

「やっと出来たね」と長男（7才）。

島の方々にも会えば「塩は出来たか」と言われ続けてきましたが、どうにかこの手に塩をのせるに至りました。

色々なかたちで私達に力を貸して下さった方々、本当にありがとうございました。

そしてこれからも塩屋をよろしくお願いします。

銘 七っの海 完全天日自然海塩

友人、知人を巻き込んで、悩んで出来た塩の名前は、"七っの海"。一人娘のなちゃん（2才）からもらいました。
・価格は250gで700円。・にがりも有ります。

竹のパワー

塩 七っの海
完全天日自然海塩
種子島

〒891-3221
伊関54
TEL/FAX (09972) 8-1601
関 鉄弘 由紀子 耕平 七海

枝条架流下式塩田

完全天日自然海塩のできるまで？
①海水をタンクにくみ竹枝を組み合わせたヤグラに噴霧し循環させると風と太陽の力で水分が蒸発し、かん水と呼ばれる塩分18%の濃い海水ができる。
②かん水をハウス内の結晶棚へ注ぎ天日によって塩が結晶するのを待つ。
③出来た塩を木綿袋に入れ脱水機にかけ、塩とにがりを分離させ天日塩の出来上り！

塩屋かわら版創刊号いかがでしたでしょうか。天候次第の塩づくり、この秋種子島は異常と思える日照不足で初出荷は28kgに止まりました。それは市の農林水産祭りに間に合い、私達の先輩である大山さんの自然卵をつかったプリンで卵200個プレゼントという企画にのり、味の引き立て役を勤めることとなりました。しあわせ至極。次の出荷は二週間後？……とにかく30kgは取れそうです。御希望の方は、お電話でお問い合わせください。御意見も、お待ち申しております。

関さん一家が発行している「塩屋かわら版」。

伊関にある塩田。
海の青さがまぶしい。

STORY 3

神奈川県鎌倉市
▼
種子島

製薬会社のMR職として10年働いた。一番自分が好きなサーフィンを人生の中心にした生活を実現するため、種子島へ。

藤村　匡俊さん（37歳）

藤村匡俊さんに初めてお会いしたとき、「この人はとても働くのが好きな人なんじゃないだろうか」という印象を受けた。

たぶん、種子島で出会う人にしては珍しく、スーツを着ていたというのも大きい。

サムズという種子島の地元の大手スーパーの社員であり、現在はそのスーパーの新規事業の一つである「auショップ」の経営管理を任されている。国道沿いの店内には賑やかな音楽が流れ、藤村さんをはじめ、スタッフの人たちは電話での問い合わせに答えたり、携帯電話の加入もしくは機種変更などのために店頭へ訪れたお客さまに忙しく対応している。店内へ入ると、ここが種子島であることを思わず忘れそうになる。

しかし、ここは紛れもなく種子島であり、藤村さんはこれまでの人生をオールリセットして、今までとは180度違う生活を始めた一人である。

PROFILE
藤村匡俊（ふじむらまさとし）
1964年9月2日生まれ。神奈川県出身。東京理科大学理学部応用化学科卒業後、大手製薬会社へ就職し、MRという医療機関をまわる営業職として活躍。最初の5年間は大阪勤務、その後転勤で仙台支店に5年間。退職後、単身で種子島へわたり、7カ月間のフリーター生活を経て、地元スーパー、有限会社サムズへ再就職。現在はサムズ西之表店に所属し、サムズの新規事業、携帯の代理店業務およびHP制作の責任者として働いている。家族構成：妻の恭子さん（34歳）、長女しおりちゃん（3歳）、次女明日香ちゃん（1歳）

●「自分らしく生きる」を始めたかった

藤村さんは神奈川県川崎市生まれ。実家は現在、鎌倉にある。大学では応用化学を専攻。細胞膜などの物性研究に取り組んだ。その知識を生かして大学卒業後、入社したのが製薬会社。仕事はMRという、医療機関を得意先とする営業だった。入社してすぐに異動の辞令が下り、大阪支店に5年間、仙台支店で5年間過ごした。入社当時は、このままこの会社で働き続けるんだろうなと思っていたという。そのことに何の迷いも感じることはなかった。それが働き始めて7～8年経った頃から、「この会社の中で、僕はどうなっていきたいんだろう？　どうなっていくんだろう？」と考えるようになった。

「課長や部長の姿を垣間見ながらふと将来を想像したとき、このまま課長たちのようになっていくのかなあ。だとしたら、全然、僕にとっては面白くないなあと感じるようになったんです。4000人もの社員を抱える大企業に埋もれるのではなく、もっと〝僕は藤村です〟という名前で仕事がしたい。へんな肩書に依存することなく、自分らしく生きてみたい。呼吸してみたい。そういう人生が送りたいと思ったわけです」

大学へ入った、大企業に就職した。待遇もそれなりによく、給与もまあまあいい。傍から見れば、順風満帆な人生だ。

しかし、ふと思ってしまった。

はたして、これは、自分の決めたことなの？　と。

はたして、これが、自分の望んだ人生なのか、と。

「考えてみたら、それまでの僕の人生って、社会や親が決めたことだった。自分で決めて進めてきたわけじゃないんだよね。そんなことに気づいちゃったから、大変（笑）。無性に自分で自

分を切り開く人生を始めたくなっちゃったんだから」

確かにそのとおりだ。自分の人生に対して何の〝疑問〟も持たずにいたら、たぶん藤村さんはそのまま製薬会社に勤め続けていただろう。しかし、幸か不幸か、彼は疑問を感じてしまった、自分の人生の〝在り方〟に対して。

さて。

藤村さんは、自身の中で「10年」を一つの区切りと決めた。10年、この会社で働いて、それから自分の好きなことをしながら、自分らしく生きていこう、と。そこでふと脳裏に浮かんだのがサーフィンだった。大学時代から、何が好き？　と聞かれれば、迷わずサーフィンと答えていた。サーフィンを続けたくて大学を辞めようと思ったことさえあった。

「だったら、サーフィンを人生の中心に置いてみようかな、と」。

入社して10年目の年、藤村さんは密かに自身の〝新天地〟を探し始めた。そして、たどりついたのが種子島だったのである。

●門倉岬からの景色に圧倒されて、ここに住む決意を

サーフィンを基軸にした人生を改めて考えたときに、藤村さんが思い描いたのは島暮らしだった。父親が八丈島の出身だったのもあるかもしれないという。

新しいことを始めようとするとき、人はなぜか心のタンスの奥にしまってあった、懐かしい思い出を引っ張りだしてきたりするものかもしれないと、藤村さんの話を伺いながらふと思う。

自分が本当に好きなもの、求めているものは何か、と考えると、不思議に子どもの頃に感じた「好きな感触」「好きな感覚」が原点だったりする。

藤村さんは小さい頃、何度も遊びに行った八丈島という島の雰囲気、風、そして海の香りを思い出した。島で暮らすことが自分に合っているような気がした。

「ただ、サーファーとして波がいいところ、と考えると八丈島はちょっと厳しい。いいポイントがないんです。それで、島で暮らすなら、奄美大島か種子島かなと漠然と思ってました。国内でサーフィンをやりたいと思う人なら、必ずどちらかの島へ〝気持ち〟がたどりつくはずです」

確かに種子島はサーファーにとって、魅力的な波の立つポイントに恵まれている。四方が海に囲まれているので、風があっても必ずどこかで波乗りができる。そこに魅力を感じ、本土から移住してきたり、サーフィンのために短期滞在する若い人たちも多い。

奄美か種子島かの選択で、種子島を選んだのは、種子島出身の友人がいたからだった。

「彼の両親が今も種子島に暮らしているというのが心強かった。やはりまったく知り合いのいない土地へ行くのは不安だったし」

初めて種子島へ降り立った藤村さんは、まず海へ入った。空の青さ、そして海の美しさにしばし見とれながら、サーフィン三昧の日々を過ごした。

「とにかく海がきれいだし、波もいいし、最高だと思いました」

ここに住もうと決意したのは、門倉岬から西之表の方へ戻ってくるドライブ中だった。ふと見上げて夕日を見つめると、門倉岬からはるか向こうに屋久島が見えた。そして反対側の海岸沿いはずっと砂浜が続いている。気づくと、その道を走っているのは自分の車だけだった。

「その自然の壮大な美しさに圧倒された。自然を見て脅威を感じたのは、生まれて初めてだった。そして、ごくごく自然な気持ちの流れの中で、ここに住みたい、いや、住もうと決意したんです」

●7カ月間の「ロン・バケ」を経て人生リセット

種子島で暮らそう。

そう決意した藤村さんは、住まいを見つけることにした。

「いくつか一人で不動産屋をまわってみたのですが、全然貸してくれる気配がない（笑）。確かに貸さない方の言い分もわかるよね。サーフィンで島へ来た、しかも仕事は決まっていない。どこの馬の骨ともわからない。そんな人間が、いきなり空き家を借りたいといっても、貸してくれないですよ。それでも、そんなことではあきらめることはできないから、友だちの両親に頼んだりして、不動産屋から何とか一件紹介してもらった。もう、どんな物件でもいい、貸してくれると言ってくれたんだったら、それでいいって感じで、そこに決めてしまいました」

一戸建てで台所が4畳半、あとは6畳、4畳半、3畳。家賃は月3万5000円。製薬会社の仙台支社勤務の際には、会社の借り上げマンションで月11万円のところに住んでいた。そのうち自己負担が5万円。それを考えると3万5000円は破格だと思った。

「でも、あとでよくよく考えてみると結構高い気がしてきた。島では高い物件だった（笑）」

藤村さんは種子島へ移住してから約7カ月間、サーフィンだけをして過ごした。すぐに就職することも多少は考えたのだが、

「小さい頃から勉強もしてきたし、仕事も10年間続けてきた。ここらで少しロングバケーションをとってもいいんじゃないかなと思って。ちょうどテレビで『ロング・バケーション』っていうドラマが流行っていたのもあって（笑）。本当に毎日サーフィンばかりしてたな、あのときは。解放感を満喫してたって感じだね」

そろそろ就職しようかと考えた頃、藤村さんは結婚を約束した女性を迎えにいく。知り合った

のは仙台。同じ会社で働いていた同僚で、将来、一緒になろうというのは前々から決めていた。

仕事は主にハローワークで探した。窓口担当者に「製薬会社で働いてきた10年間のキャリアを活かしたい」と話したら、それは無理だとはっきり言われた。

「種子島には、そんな仕事はないって。確かにそうだろうなというのは7カ月間、サーフィンだけで暮らしているときから、何となくわかってはいた。だから、そこで気持ちを切り換えたんです。仕事もこれまでの生活も全部捨てて、ここで心機一転、オールリセットして新しい人生を始めようって。仕事も前職を活かそうとか、そういうことは一切考えず、何でもいいからやってみようって」

そこで見つけたのが地元スーパー、サムズの求人募集だった。入社が決まって配属されたのは家電売り場。10カ月間、販売の仕事に従事することになった。

●島の魅力をもっと僕らがアピールしたい

現在の職場への異動はその後のことだった。サムズが携帯電話ショップ、auの代理店を立ち上げるので、そのチーフとなってほしいと社長から辞令がおりたのである。期待どおり、藤村さんはauショップを立ち上げ、所長として活躍している。

仕事はこのショップの運営管理にとどまることなく、サムズのチラシやPOP作成、ホームページ製作など多岐に渡っている。

移住して5年。その間に2人の子どもを授かった。暮らしている人々とも積極的に触れ合う中で、種子島の魅力は日に日に増していく。

「確かに波もいいし、手つかずの自然も魅力的。でも、何よりいいなと思うのは暮らしている

妻の恭子さんも
ここでの暮らしを気に入っている。

人々の〝人としての在り方〟。婆さんが道を歩いていれば、どこまで行くの？　って声をかけて乗せていってあげる。それがごくごく当たり前の日常としてあるわけです。実にのびやかなんだよね。ヘンにとんがっている部分もないし、警戒心を持って人に接することがない。そういう部分にたまらない魅力を感じます」

いつか子どもたちが大きくなって、島を出ていっても、胸をはって帰ってこれる島にしたい。藤村さんは、そんな風に島のことを考えている。

「娘が東京へ行って、どこの出身？　と聞かれたとき、〝種子島〟と堂々と答えられ、しかもそれを聞いた人から、うらやましいと言われるような、そんな種子島にしたい。そのためには、島の魅力をもっと僕らがアピールしていかなくちゃと思うし、島の人々の意識も高めていきたい」

移住者だからといって、余所者意識は藤村さんにはない。むしろ、島の人々にも、もっと自分たちの島を誇ってほしい、そのための努力を自分たちのようなIターン者、移住者がしていくことも大切なのではないかと考えている。

最近、土地と家を購入した。450坪という都会では考えられない広さを〝都会で車を買うのと同じような〟感覚で安く手に入れることができた。

「まわりはジャングルですよ（笑）」。本当に何もない。時々、鹿が歩いているくらいで、と笑う。

忙しそうな藤村さんだが、そこには〝疲れた表情〟が微塵《みじん》もない。

「仕事も順調で、やりたいことをやらせてもらってるからね。クリエイティブな仕事ができているという実感もある。私生活でも、子どもに恵まれて、自然の中でリラックスしながら暮らせているからね。たぶん、生活そのもの、仕事そのものを楽しめているんだよ、今は。子どもがまだ小さいから、休みの日に一人でサーフィンへ行くなんてことは、さすがにできなくなってきた

けれど、でも、今の生活にすごく満足していますよ」

種子島で暮らすようになって、物事のとらえかたも、藤村さんの中で大きく変化した。

「たとえばさ、小説家になりたいと思ったとするでしょ。以前なら〝でも才能もないし、無理かな〟と考えていた。そういうタイプだった。でも、今は〝もし、小説家になれなかったとしたら、それは自分の努力が足りないからだ。頑張れば、必ずなれる！〟と何でも物事を前向きにとらえて考えられる」

やりたいと思ったことは必ず実現する。そんな思考回路になったという。

それはなぜか。

やはり、この島へ移住して自分のやりたいことを一つひとつ自分の意志で実現していったからだろう。そして、そんな風に前向きに何でもとらえて生きている人々と数多く出会えたからだ、と藤村さんは自己分析している。

「都会みたいに、何かに急かされることがない。すべて自分らのペースで進めていける。そのあたりもいいんだと思う。波長にあっているんだろうね。それと、会社だけでなく、地域やサーファー仲間など、自分と関わるコミュニティーがいろいろあるんだよね、ここには。だから、万が一、会社をクビになったとしても、落ち込むとは思うけれど、まっいいかって、次を考えていける。そんな風に、気持ちを常に明るくしてくれる風土と横のつながりがこの島にはある」

藤村さんが島へ移住するため、勤めていた製薬会社の上司に「やめたい」と話したとき、「人生を棒にふるのか？」と言われたという。

「島へ移住することが、人生を棒にふることになってしまうんだよね、都会では。でも、今はその人たちからも逆に羨ましがられる。たぶんそれは、自分が住みたいと思った島で、僕がとことん生活を楽しみながら暮らしていることが彼らにも伝わったからだと思いますよ」

家族と一緒に海辺でのんびり。
そんな日常がここでは当たり前。

【取材を終えて】

不思議だなと思った。藤村さんには本土での会社員時代、大阪、仙台という、自分が生まれ育った場所とは異なる地域で暮らした経験がある。しかし、それらの土地に暮らすときには「この地域のために」とか「自分たちの島として誇りを持ってアピールしたい」といった郷土愛は芽生えていない。にも関わらず、種子島に対する思いは非常にポジティブで、誇り高い。ここで暮らし、生きていることにプライドを持っている。

たぶん、仕事の作業という感覚で言えば、藤村さんにとって、ここが東京であろうと大阪であろうと種子島であろうと変わらない。しかし、気持ちの部分でまったく違う。意識が違う。それって本当はとても大切なものだったりするような気がした。島という場所には私たちが忘れて、置き去りにした人間として大切な「感覚」をどんどん呼び覚ましてくれる、不思議な効用があるのかもしれない。

STORY 4

長野県南安曇郡
▼
奄美大島

サーフィンを通して向き合う海と、島の人々との出会いが、自分をどんどん強い人間に成長させてくれている。

徳田 修一さん（36歳）

前出の霜触さんは笠利《かさり》町という、奄美大島の最北端の町に暮らしているのだが、徳田修一さんの経営するミニリゾート施設「アウンリゾート」はその隣町、龍郷町《たつごうちょう》の、戸口集落アウン浜にある。太平洋に面したこのアウン浜から、笠利町の用安にかけたビーチとリーフもまた何ともいえない美しさだ。海の向こうには喜界島がぽっかり浮かんでいる。

「アウン浜からもう少し北へ行くと、手広《てひろ》海岸というところがあってね。そこがサーフィンのポイントなんです。だから、この窓から風と波の状態を見て、天気がよければ、すぐにサーフィンに出かけてますよ」と語る徳田さん。

当たり前かもしれないけれど、島で暮らす人々は皆、こんがり日に焼けている。その日焼けした表情を見るだけで、その人が本当にこの島暮らしを楽しんでいるかどうかが伝わってくる。

徳田さんもまさに水を得た魚のごとく、ここでの暮らしを十分満喫していることが一目でわかる人だった。海の匂いと太陽の日差しを一身に浴びて生きている人の、肌の色だった。たぶん、

PROFILE
徳田修一（とくだしゅういち）
大阪府出身。高校卒業後、大阪の警備会社へ就職。そこで美香さんと知り合い、結婚。その後、美香さんの実家がある長野県南安曇郡穂高町へ移住し、家業の呉服店へ就職。営業として約10年間働く。奄美大島は美香さんの母親が別荘を買ったのを機に訪れるように。元来、サーフィンが好きでいつか海辺で暮らしたいと思っていた夢を実現すべく、約4年前、奄美大島へ移住。別荘を改装して龍郷町戸口集落近くのアウン浜にミニリゾート「アウンリゾート」をオープン。家族構成：妻・美香さん（34歳）、長女・あゆみちゃん（9歳）、次女・ちなみちゃん（7歳）、長男・桂介くん（5歳）

島での生活すべてが性に合っているのだろう。

高台にあるアウンリゾートからは、どこにいても常に海が見える。波の音を静かにBGMにしながら徳田さん一家が、ここで暮らすようになったいきさつと、実際にどんな暮らしをしているかを妻の美香さんを交えて、聞かせてもらった。

●海辺で民宿がやりたい。それは小さい頃からの夢だった

大阪で生まれ育った徳田さん。母親の実家が三重県にあったこともあり、小さな頃からよく三重の海で遊んだ。その頃からずっと海辺で民宿がやりたいと思っていた。

高校時代からサーフィンを始めた。最初は和歌山や三重の海へ出かけていたが、サーフィンのポイントを求めて沖縄や石垣島などへ行くようになり、さらに海好きはエスカレート。「いつか必ず、南の島で民宿をやろう！」という夢は現実味を増しながら、どんどん膨らんでいった。

そのためにお金を貯めようと、高校卒業後、大阪市内の警備会社で働いたり、飲食店で働いたりした。

「警備員の仕事は夜勤だったりすると、その翌日の昼間、海へ行けるでしょ。そんなんもあって、選んだんですよ」

妻の美香さんとは警備会社に勤めていたときに知り合い、結婚している。

そして22歳のとき、いきなり海のない長野県へ移住する。美香さんの母親が営む呉服店が南安曇郡穂高町にあり、そこの仕事を手伝うことになったからだ。

ところが美香さんの母親も、実は海が大好きな人間。徳田さんが長野で暮らし始めて、数年経った頃、海辺の景色のいい別荘を買おうという話が持ち上がった。最初は沖縄本島近辺を中

畑の作業は
主に美香さん。

心に探しのだが、母親はたまたまゴルフ旅行で訪れた奄美大島に一目惚れ。今、アウンリゾートのある場所に別荘を買ったのである。

ここを改築して、ミニリゾート施設にしてしまおう！　という話がまとまったのは、徳田さんが30歳になる直前のことだった。

「島内だと、リゾート施設も限られている。年に1～2回呉服店のお客さんを連れて来島していたのですが、結局毎回同じ場所に宿泊し、同じ店で食事をすることになってしまう。だったら、別荘感覚でくつろげるリゾート施設を自分たちでつくったらいいんじゃないかという話になったわけです」

小さい頃から海辺で民宿をやりたいと思っていた徳田さんにとってはまさに渡りに舟。願ってもない話だった。

●オープン数年前から、何度か足を運んで自分たち＆島の人々の手で改築

経営母体は美香さんの母親の会社、「きもの絹美」（長野県）だが、現地での運営管理はすべて徳田さんたち、若夫婦一家に任されることになった。

実際に移り住んだのは1998年5月。しかし、その数年前から何度か足を運び、観光農園やレストラン、宿泊施設の整備に取りかかっていた。徳田さん自身は、以前、飲食店で働いた経験があったため、それを活かして調理師免許も取得しておいた。

「夏休みや冬休みなどには、思い切って1カ月ほど会社を休ませてもらって、ここで作業していました。パイナップル畑を作ったり、レストランとして利用できるよう、改築したりね。でも、これも自分たちだけでできることは限られていて。実際には戸口集落に住む土方のＯＢの方とか、

アウンリゾートのHPは
http://www4.ocn.ne.jp/˜aun

人夫さんにかなり力を貸してもらいました」

オープン以来、アウンリゾートはすっかり戸口集落の人々の憩いの場となっている。内地から人が遊びに来たとき、戸口の人と一緒に飲んで騒いで、友だちになってしまうことも多い。

「翌日、本土からのお客さんが地元の人の船で海へ遊びに出たりしてますよ。そういう出会いの場になっていってくれているから、ホンマに嬉しい」

ちなみにアウンリゾートという名前は、アウン浜からとった。しかし、徳田さんは他にもいくつか意味を重ねている。

「ここは絶妙なバランスで海と山の両方が楽しめる。海と山の〝アウンの呼吸〟でもあるし、お客さんと僕らとの関係もまた〝アウンの呼吸〟でありたい。そんな願いをこめてつけたんです」。誰もが気軽に楽しんで、また来れる場所。それが徳田さんの理想とする〝民宿〟であり、それが見事に形となって実現したわけである。

●島の人々との触れ合いが、かけがえのない財産

厨房は徳田さんが担当しているが、そのメニューづくりは毎年悩みの種だという。

「オープン以来、どんどん変わっています。最初はお客さんの要望に合わせたものを作っていたのですが、最近は自分が食べたい料理を出したいと思うようになって、タイ風の辛いものを出したり。料理に関しては試行錯誤の連続です。でも、近いうちにアジアンカフェぽい感じにしたいと思ってます。それが自分たちのスタイルに一番合っているような気がするし。ただ、カフェというには飲み物の種類が少ないので、勉強していこうと思っています」

いずれにしても、誰もが気取ったり、飾ったりすることなく、自分の〝地〟を素直に出して

店内は南国ムードいっぱい。

くつろげる場所になっていけば、それでいい。料理も種類にこだわらず、気軽に食べてもらえるものを提供していきたいと徳田さんは考えている。

「たとえば、至れり尽くせりのサービスを求められるんだったら、高級リゾートホテルを選んでもらったほうがいいと思う。でも、とにかく海を見てボーッとしたいとか、ほっといてほしいとか、そういう人だったら、ウチの方が全然ラクやと思う」

奄美大島へ移住してきて、一番何がよかったと思いますか？　そんな質問を投げかけてみると、徳田さんは奄美というより、龍郷町の戸口へ来たことがよかったと話してくれた。

「戸口というのはね、〝戸口野蛮〟という言葉があるほど、島の中では一番言葉が荒いし、人の気性も激しい。でも、いったん知りあいになると、とことんつきあってくれる。どこか大阪の下町人情に通じるものがあるんですよ」

店の〝営業マン〟も戸口の人々。一切宣伝活動はしていないのに、みんなが宣伝してくれる。お蔭でオープン当初から、いろんなお客が訪れてくれるそうだ。

何より、戸口の人々と接してよかったと思うのは「人としての生きかたを学べたこと」と、徳田さんはいう。

「南安曇で妻の実家の呉服店で営業をやっていたときは、実家とはいえサラリーマンなわけですから、売り上げが伸びなくて悩んだり、お客さんに叱られてめげたりということも多かった。でも、ここにきて島の人たちの大らかな生き方を見ていると、こういう生き方もあるんだと気づかされると同時に、安曇野で悩んでいたことがすごくバカらしく思えてきた。そう、向こうだとお金がないと不安でしょうがなくなったりするんだけれど、こっちにいると金なんかなくたって、何とかなるやろうという気持ちになってくる。自分がいろんな意味で強くなってきた気がします」

この戸口の人々は好きか嫌いか、自分の気持ちをはっきりいう。嘘は通用しない。そういう島

接客も料理も楽しんでいる徳田さん。

民の気質に触発されながら、徳田さん自身も大きく成長しているようだ。

そして、徳田さんをより強く、たくましくしてくれている存在はやはり海。サーフィンは命を危険にさらすスポーツである。一度大きな波にのまれて死ぬ思いも経験している。

「いくら陸地で〝オレはかなりイケてんねん〟といばっても、波にはカッコつけられない。というか、海に入ったら、どうしたって自分のレベルはすぐにバレてしまうんです。ごまかしがきかない。だからこそ、海へ入るたびにどんどん強い人間にさせてもらっている気がします」

●家族もみんな動員してアウンリゾートを盛り上げていきたい

２０００年頃から、妻の美香さんもボディボードを始めた。33歳にしてのデビューだそうだ。そんな美香さんにも、奄美での暮らしについて少し伺ってみた。

「長野にいるときは、ダンナの帰りはいつも夜遅いでしょ。私は子ども３人抱えて、子育てに専念し、悪戦苦闘の日々でした。でもこっちに来てからはずっと一緒に働いているから、お互いに空いている時間に交代に見られるのでラク。子どもたちにとっても父親と接する時間が長いというのはいいことなんじゃないかな」

美香さんは、子どもたちにも積極的に自分たちのアウンリゾートでの仕事を手伝わせるようにしている。自分の家は〝商売をしている家なのだ〟という認識をしてもらいたいからだ。

「忙しいと、一番上の子は長野のときの記憶があるから、なんでほったらかしなの？と言ったりする。そんなときは商売をしている家なんだから、あなたもちゃんとそのことをわからなくちゃいけないのよっていいます。手伝いを通して理解してもらうようにしています」

戸口集落は、子育てにおいてもかなりラクだと美香さんはいう。自分たちが見ていなくても、

戸口の大人の誰かが見てくれている。集落全体で子育てしてくれている雰囲気があるのだ。

「よその子でも褒めるし、叱る。分け隔てなく接する。そこがすごくいいところ」

そういえば、昔はどこもそうだった。そういう意味では古きよき日本の風習が、ここにはまだまだ息づいている。


【取材を終えて】


ここでもまた〝島の人々〟の人間らしさが、島への移住の決めてとなっていた。

都会では、人と人とのつながりがなぜか希薄になりがちだ。親しい友人の家へ行くのにも、必ず電話を入れてから、時間を決めて訪ねていったりする。

それが決して悪いというのではない。

しかし、島の人々はみな、そういった杓子定規なものを取っ払い、素直に会いたいときに会いに行き、何のてらいもなく、他人のために動く。

海の美しさや、ダイナミックな自然も人間の心を豊かにしてくれる。

一番、人の心を豊かにしてくれるのは、こうした島の人々のような優しさだったり、触れ合いだったりするのだということに気づかされた取材だった。

ロッジから水着のまま
プライベートビーチへも行けるそう。

COLUMN

取材こぼれ話 ①

奄美な人々――その①
名瀬市役所企画調整課 花井課長さん

奄美大島の中心地、名瀬市役所に到着したのはある日の午後4時15分頃。この市は本州からの移住者受け入れ事業を積極的に行っている。そのあたりの詳しい事情を取材するために訪れた。

窓口は名瀬市役所の花井課長。50歳前後の、人のよさそうな男性だ。

花井課長はそわそわしていた。

「いやあ大変だ。時間がないな、困ったな」

「お忙しいんですか、すみません。明日も奄美にいるので、出直しますが」というと、

「いや、違うんだよ、そういうことじゃなくてさ、実は夕陽がね」

そう言いながら、花井課長は地元の大島新聞をおもむろに広げ、天気予報の欄を見つけ出し、そこを指さしながら、

「夕陽の沈む時間が今日は5時30分ジャストなんだよ。ほら、新聞にもそう書いてあるでしょ。今から見に行くとなると、4時50分には市役所を出ないといけないんだ。だから、取材をね、途中で中断しなければならなくなっちゃうんだよねえ」

ああ、困った、困ったという感じで時計を見ながら、

「奄美の夕陽はね、絶対見ておいたほうがいい。ところが僕は明日のこの時間、重要な会議があるから行けないし。しかたない、とにかく4時50分まで取材してもらって、その時間になったら車で出かけよう。」

花井課長は、自分が決断できたことにホッとし

たご様子。一服がてらお茶を飲み終えると、奄美への移住者の現状を話し始めた。

あまりに楽しそうに話してくれるので、時間を忘れてしまうのではないかと危惧していたが、花井課長は4時50分になると、ピタッと話を中断。「さあ、行きましょう！」と同じ部署の岩井さんと3人で車に乗り込み、大浜という海岸まで連れていってくれた。

到着したのは5時10分頃だった。

最初にまず海岸沿いにある駐車場へ。そこからの夕陽を見ながら、

「いやあ、本当にきれいでしょう。毎日表情が違うからね。これだけはずっと島に暮らしていても、本当に飽きないいんだよねえ」と花井課長は嬉しそう。

そして「この上に展望台があるから、そこに行ってみよう。夕陽が沈む瞬間が見られるからね」

もう一度、車に乗り込み、一同は大浜の展望台を目指す。

お蔭で展望台へは思ってたより早く到着した。日没には十分、間に合った。

「少し雲がかかってるね。でも、雲のかかった夕陽っていうのもまたいいんだ。ここは誰もいないし、静かでいいでしょう。大浜の夕陽を君と僕と岩井くんの3人で〝独占〟しているような感じだね」と花井課長。

本当に美しい夕陽だった。

風の音をBGMに、水平線のかなたに、とろけるように沈んでいく太陽を、時間を忘れてしばし見とれた。

「夕陽の沈みどき」に合わせて、取材を中断されたのは初めての経験だった。都会では絶対にあり得ないと思う。でも、人間としては、ごくごく自然な行為に思える。何より、誰かが作ったものではなく、奄美の風景を何はともあれ、一番先に感じてほしいという、花井課長の心が温かくて、気持ちよかった。

「このあたりは夜になると真っ暗なんでしょうね」と言うと「いや、お月さんか星か、どっちかが照らしてくれるから、けっこう明るいんだよ」という、これまた心地いい言葉が返ってきた。

好きな人と2人で
自分たちらしく暮らしたくて、
南の島へ

STORY 5

愛媛県新居浜市
↓
千葉県千葉市
↓
インドネシア・バリ島
▼
種子島

東南アジアの島々に負けてない！気負いなくイージーライフが楽しめる島だと思った。

今井　さくらさん（27歳）

●旅行でハマッたバリ。しかし実際に暮らす場所ではなかった

今井さくらさん、27歳。まっすぐな瞳が印象的な女性だ。種子島に暮らしはじめて3年目になる。職場は西之表市役所内にある種子島地区広域事務組合。種子島には西之表市の他に中種子町、南種子町という町があるのだが、今井さんの所属する広域事務組合は、種子島の市町が一丸となって、介護保険やゴミ処理問題を考えていこうという部署だ。彼女は事務職として介護保険認定審査会の出す書類を作成したり、結果通知を住民の人々へ送付したりといった業務に携わっている。

愛媛県出身。子どもと関わる仕事、イコール小学校の教師になりたいと思い、進学したのは千葉大学の教育学部だった。ところが学んでいくうちにいろんな「迷い」が心の奥から吹き出してきたという。

PROFILE
今井さくら（いまいさくら）
昭和50年4月24日生まれ。愛媛県出身。教員志望で千葉大学教育学部へ進学するが、在学中に気持ちが変わり、休学してアジアを旅し、バリ島に長く滞在する。卒業後、再びバリ島へ向かう。その後，バンコクを旅している間に現在一緒に暮らす千葉さんと出会い、帰国後2人で種子島へ。2000年6月から暮らし始める。現在は西之表市役所内にある種子島広域事務組合にアルバイトとして勤務している。
家族構成：同居人千葉圭さん（29歳）

「教師という仕事に夢を抱いていたし、都会の生活に憧れていました。だから上京もした。なのに、次第に何が学びたくて教育学部に進学したのかわからなくなってしまった。都会独特の空気も、最初は楽しくてたまらなかったのに、そのうちにどんどん息苦しくなってきてしまったんです」

都会は元気なときはいい。でも、疲れているときにはしんどい。今井さんは素直に「人生に行き詰まってしまった時期でした」と語ってくれた。

とにかくここを脱出したい。そう考え、1年間大学を休学し、アジアへ流浪の旅に出る。タイ、マレーシア、どの国も居心地がよかったが一番しっくりきたのがバリ島だった。

「それまではどちらかというと、アメリカナイズされたものが好きで、自分が日本人であることにコンプレックスがあった。それがバリへ行って、生まれて初めて自分は東洋人でよかったなあって思えたんですよ」

バリの持つ文化、伝統、そして日常の中の空気。すべてが心地よかった。大学ではいつも不安でしょうがなくて、起伏の激しかった自分の心が、穏やかに波うつ状態になっていくのを、体で感じることができた。

ここに居たい！

そう思った今井さんは休学中の時間を利用して長期滞在を試みる。その間、バリ舞踊を習得。「このバリ舞踊で食っていくんだ！（笑）ぐらいの勢いで、のめりこんでいましたね」。そのまま、住み着いてしまいたかったが、「大学だけは卒業してほしい」という両親の言葉もあり、一旦帰国。卒論では「バリの食文化」をまとめ、卒業と同時に彼女は再びバリへ訪れる。そのときは本当に〝永住〟する覚悟だったという。

ところが、である。いざ、永住しようと思ってバリの地に踏み入れた途端、足が竦んだ。気

職場の人々も温かく、
居心地がいいそう。

持ちが立ち往生してしまったのである。

「日本で元気がなくても、バリへ行けば元気でいられる。そう思って行ったのに、なぜかしら寂しくて寂しくて。何か、根本的なところで自分が満たされない。そういうはがゆさを、いざ住もうと思った瞬間に感じてしまった」

大好きなバリなのに、途端にたじろぐ自分がいた。燦々《さんさん》と降り注ぐ太陽の陽射しが大好きなはずなのに、なぜか部屋に閉じこもっていることが多くなってしまった。

「自分の居場所はバリじゃない。そう気づいて、バリを出ました」

旅先として〝いいな〟と思う場所と、住んでみて〝いい〟と思える場所があるのだろう。彼女にとってバリは〝日常〟的に暮らす場所ではなかったようだ。

今井さんはバリを出てインドへ向かった。何かを目指したわけではなかった。しかし、たぶん、彼女は求めていたのだろう、自分が気持ちよく過ごせる場所を。だから日本には戻らず、アジアを彷徨ってみたのだろう。

彼女には今、一緒に暮らしている男性がいる。千葉圭さん、29歳だ。彼とはインドへ向かう途中のバンコクで出会った。1999年4月のことだった。

「旅先では恋をするなってよく言われるのですが（笑）」

恋をしてしまった。

今井さんはネパール、インドを旅して2000年3月に帰国。いったん帰郷して彼とは再び東京で落ち合った。

千葉さんは北海道出身。彼女の実家は愛媛県。一緒に暮らすとなると、どこか場所を探さなければならない。ちょうど真ん中となると、関東近辺になるのだが、都会だけはどうしても嫌だった。のんびりと過ごせる田舎がいい。それは2人の共通した思いだった。

今井さんと
千葉さんの2ショット。

一人ではなく、今度は一緒に〝気持ちよく過ごせる場所〟を探してくれる人がいる。それだけでずいぶん、今井さんの心は支えられ、強くなっていた。

そんな折り、たまたま彼の友人が種子島で暮らしているという話を聞きつけた。

「サーファーでアンティークビーズのアクセサリーを売りながら、暮らしているって聞いたんです。種子島って行ったことはなかったのですが、南の島だし、暖かそうだし、一度行ってみようかって、彼と訪れたわけです」

●水道局なら、空き住居を把握しているはずと最初にまず市役所を訪問

訪れたのはその年の5月。種子島のあちらこちらに花が咲き乱れ、海も美しかった。今井さんはひと目で種子島が気に入った。

「東南アジアの島々に負けてない美しさを一瞬にして感じた。それに西之表市は想像以上に都会だったので、ここだったら、何かしら仕事もあるだろうって思いました。彼も同じ意見だったので、このまま居ついてしまえって感じで、そこで家探しを始めたんです」

10日間滞在し、その間に家が見つかったら縁があったと思って住もう。

今井さんと千葉さんはそう決意し、到着したその日から家探しを始めた。2人が最初に訪ねたのは市役所の水道課だった。

「水道課なら、空き家の状況を知っているかなと思って（笑）」

そこで、水道課の人から商工観光課へまわしてもらい、企画課の長吉さんのところにたどりつく。長吉さんは、種子島への移住者受け入れのための窓口を担当している人だ。

「そしたら、すぐに一戸建ての空き家があると紹介してくれて。それが今、住んでいる家なん

移住のきっかけをくれた夫婦と。

です。４つ部屋があって、ダイニングキッチンもあって、すごく広いのに家賃は月２万円。敷金、礼金はナシです。確かに古くて汚いなあと、ちょっと思ったんですが、真ん中の柱の太さがとにかく気に入ってしまった。汚れているのは掃除すれば何とかなるわけですし、ここにしようってすぐに決めてしまいました」

次なるは職探し。ハローワークへ出かけていき、事務職で探していたところ、ほどなくして今のバイトが見つかったという。

一方、同居人の千葉さんはホテルに勤めた経験を生かそうと、島内のホテルに飛び込みで面接を受けていったそうだ。その中で合格したのが現在、勤務するホテル。島内でも非常にいい接客をしてくれると評判のホテルだ。

●地元のおばあちゃんたちの笑い声が好き

家賃は２万円、食費も２人で毎月約２万円、水道、ガス、電気、電話代といった光熱・通信費が合計で月３万円。一方、収入は今井さんの給与が約14万円、千葉さんが16万円くらいと、都会に比べると多少低い。しかし、生活にかかる費用もその分、低いので十分暮らしていけるという。

今井さんは朝８時30分に市役所へ出向き、17時まで働いている。残業は時々あるけれど、苦になるほどではない。

「夏の間は、帰宅してから海へ行くんです。うちから車で２〜３分だから。そこで素潜りをして、水着のまま帰ってきてシャワーを浴びて寝る。このあたりだと10月くらいまでは、海に入れるんですよ」

暮らし始めた１年間くらいは地元の人たちの言葉がまったくわからなく、また、まわりの人々

一目見て気に入った家の土間の柱。
太くてどっしりしていてとてもかっこいい！

が自分たちを受け入れてくれるのかどうかわからなかったため、ほとんど近所づきあいはなかった。しかし「ゴミは地域で管理していくものだし、暮らしているからには、住民として果たすべき責任がある。ちゃんとやりたいよねって2人で話し合って、部落長さんのところへあいさつに行こうっていって、菓子折りをもって出かけていったんです。それから近所づきあいが始まりました」

それまでは「隣のジイちゃんにあいさつするくらいだった」のが、「運動会があるんだけれど、その打ち合わせをするからおいで」など、事あるごとに呼ばれるようになった。知らない間に玄関先に大根など、とれたての野菜も置かれるようにもなった。

「ひと冬で、こんなに大根を食べたのは生まれて初めてかも（笑）。大根の調理方法も研究しましたよ。だって、毎日違うジイちゃん、バアちゃんが大根持ってきてくれるんです。本当にもう嬉しい悲鳴をあげてました」

無人販売も道端のところどころに設けられている。トウモロコシ、さとうきび、落花生、むらさきいも、いずれも一袋100円。安すぎる。さらにほしい野菜や果物があれば、物々交換だってできるのがこの島のよさだと今井さんは語る。

「さとうきびを作っている畑に行って、私が持ってるポテトチップスと変えてくれる？なんて言って、交換してもらっているんです（笑）」

お金を持っていくと、かえって遠慮される。だったら、モノを持っていって変えてもらえばいい。今井さんのアイデアだった。

こういうお年寄りの、無垢な親切心をお節介だ、うざい、という人もいる。しかし、彼女は違っていた。こういうお年寄りたちのさり気ない優しさが、心地よくてたまらない。

「この島はジイちゃん、バアちゃんが元気なのが嬉しい。笑い声が好きなんですよ。本当に楽

部落の班長さんから頂いた、
畑で取れたばかりの立派なだいこん。

しそうに笑うから」。

種子島は気候も温暖だ。風が強い時期もあるが、全体的にはカラッとしている。平原が多いせいか、解放感がある。

「たとえば、隣の屋久島だと港へ到着した途端、山が迫ってくる感じでしょ。だから圧迫感がある。もちろん、そこが魅力という人もいるけれど、私は違ってた。それに、屋久島はわりと学者肌の人が多いらしく、そこも抵抗感があった。つまり、自分なりのポリシーがないと住めない、みたいな。でも種子島にはそんなものは何一つ必要ない。もっとライトな感覚でイージーライフを心置きなく実現できる。そうしてくれるのは気候であり、風土であり、そして種子島に暮らす人々の雰囲気だと思う」

夏になると、白い砂浜のビーチへ出かけることはほぼ日課だ。誰もいない海を独り占めて泳ぐことができる。幸せだなあと思う。

「島が好き、中でも種子島が好きという人だったら、誰でも受け入れてくれる人たちです。なので、移住したい人はあまり気負わずに来たらいいと思う。老若男女、みんなフレンドリー。屈託ない笑顔で受け入れてくれる島ですよ」

【取材を終えて】

取材のあと、どうして今井さんは「バリがダメ」で「種子島」は肌合いにしっくりきたのだろうと考えた。なぜ、種子島では何のためらいもなく、すんなり住み着くことができたのかな、と。

おそらく鉄砲伝来の歴史に始まり、よそから入ってくるものに対して分け隔てなく受け入れる風土が種子島には備わったのではないかと思ったりもした。

同居中の彼と、二匹の猫。
家の玄関の前で。

実際、私なども初めて訪れたにも関わらず、とても居心地のいい島だった。出会った瞬間に、仲良くなってしまった人も多かった。

確かに種子島は島なのだけれど、どこか大陸的なおおらかさがある。たとえば、沖縄まで南へ行くと、そこはもう南国の異国情緒漂う島という感じがして、「日本にもこんなところが！」と思ったりするのだが、種子島はどこか懐かしさを感じさせてくれる、日本的な色合いの濃い島だと思う。

昔ながらの日本の面影は風景だけでなく、そこで暮らす人々の心にも存分に残っている。おそらく今井さんのアンテナは、そんな種子島の特色に敏感に反応したのだろう。そして、それが彼女に合っていたのだと思う。

灼熱のギラギラしたバリの陽射しよりも、種子島の穏やかな暖かさが。

STORY 6

埼玉県
↓
兵庫県神戸市
↓
神奈川県横浜市
▼
沖縄県宮古島

宮古島の海を見て暮らせたら、何でもやれるような気がした。

関口 正明さん（50歳）

宮古島は、沖縄本島から南西へ300km、那覇空港から飛行機で約40分ほどのところにある。島のまわりは美しいさんご礁にふちどられている。その海の美しさもさることながら、島全体がキラキラ輝いてみえる。冒頭で紹介した霜触さんが初めて奄美大島へ降り立ったとき、甘い香りがした、と話してくれたがその〝甘い香り〟を、私自身は宮古島で感じた。

南からの風が実に気持ちいい。

本当にいい風の吹く島だ。それが宮古空港へ降り立ったときの第一印象だった。

突き抜けた空の青さ、はてしなくどこまでも透明な海。それらの美しさをここにもたらしているのは、すべて、この風のような気がした。

レンタカーを借りて、国道390号線を通って宮古空港から島の東部に位置する城辺町へ向かった。地形はほぼ平坦で広々としている。国道の両側にはさとうきびとたばこの畑が広がる。時々、道路のど真ん中で、車同士が〝立ち話〟をしている。国道なのに、そんなことは一切おか

PROFILE
関口正明（せきぐちまさあき）
昭和26年1月30日生まれ。埼玉県出身。学生時代から音楽が好きで、20代はバンドを組んで米軍キャンプなどを中心にまわったり、アメリカを旅したり。30代半ばから15年間、神戸に住んでいたが阪神・淡路大震災に遇ったのを機に一時、横浜へ。その後、南の島で暮らしたいと思うようになり、宮古島へたどりつく。現在はパートナーの石場久美子さんと2人で、手作りアクセサリーを販売したりしている。
家族構成：石場久美子さん（34歳）

まいなくという感じだ。しかも、どちらかといえば、道路の真ん中で立ち話をしている車が優位で、後ろからそこを通ろうとする車の方が遠慮がち。道路のギリギリの隅を、申し訳なさそうに通っていかなければならない。何だかそんなところがかえって微笑ましい。

●風に揺られながら、旅から旅の20代

島へ移住した人々に会っていくうちに、ある一つの共通点に気づく。それはどの人たちもみな、旅好きだということだ。

中でも宮古島へ移住した関口正明さんはダントツに「旅の人」だった。

埼玉県大宮に生まれ育った関口さんは、中学時代からビートルズに憧れ、音楽にはまり、学生時代からバンド活動を開始。20代前半は岩国や佐世保などの米軍キャンプまわりを中心にライブ活動をしていた。24歳の頃、たまたまバンド仲間が運転する車が交通事故に遇い、バンドは休業。それを機に関口さんはアメリカへ旅に出る。いろんな町で行われているコンサートを見てまわるためだった。

「もう、何も考えていない、行き当たりばったりの旅でしたよ。米軍キャンプで知り合った友人を訪ねたりしながらね。たまたま、デトロイトのコンサート会場で声をかけてきたアメリカ人がいてね。〝ウチにお前たちのような東洋人がいるんだけれど、彼はヨーロッパへ行くんだ。今夜はその彼のためにお別れパーティーをやるから、君たちもおいでよ〟なんていうから、ついていってさ。で、そのまま3カ月間、居候させてもらったりね（笑）」

決して大きな目的があった旅ではなかった。しかし、風に揺られるようにアメリカ大陸を旅しているうちに、関口さんはアメリカ人の心の大きさと豊かさ、そして懐の深さを自分自身の

福里という集落にある
関口さんちの住まい。

中にも刻んでいった。「そういう意味では、人生の中では非常に貴重な経験でした。たぶん、結果的に宮古島へたどりついたのも、そのときに感じた〝アメリカの自由な空気〟〝アメリカ人の心の豊かさ〟が、宮古島にあったからだと思う。ウン、そうだな、きっと」。

●自分の夢が見られる場所を追い求めて

日本へ戻った関口さんはバンド仲間と再会し、佐世保で活動を開始。約1年後、東京へ拠点を移すがバンド活動はマンネリ化し、今ひとつ、面白みに欠けてきていた。

何より、東京が面白くない。関口さんは東京に居ることに飽きていた。

「そんなとき、ふと思い出したのが神戸。バンドで米軍基地をまわっていたとき、岩国や佐世保に向かう途中でよく通っていたんだよね。なんか、山にへばりつくような感じの町並みが好きでね。しかもきれいでしょ。一回、神戸に住んでみるのも悪くないなと思い、そのまま神戸へ一人で移ったんですよ」

見知らぬ土地へ一人で出かけていくのは全然苦にならなかった。むしろ、そのほうが自分らしいと、関口さんは思った。神戸では、レストランの厨房で働いたり、カラオケボックスでバイトしながら、ステンドグラスの工房で修業したり。とにかく興味を持つことは何にでも挑戦した。

おそらく。

関口さんは探していたのだと思う。

自分の夢が見られる場所を。

仕事においても、そして住まいという〝居場所〟においても、「これだ!」と思えるものであってほしかったし、「ここだ!」と思える場所であってほしかった。

そんな〝夢が見られる場所〟を追い求めていた。

神戸には結局、通算15年ほど暮らしていた。

いつか必ず自分らしく生きられる〝聖地〟がある。そこで暮らすためにはまずお金を貯めなければ。そんな思いも重なって、神戸ではとにかく働いたのだという。

そして、その〝聖なる〟場所として関口さんがたどりついたのが、沖縄県宮古島だった。

●行政へ出した手紙をきっかけに移住

阪神・淡路大震災をきっかけに、いったん東京へ戻った関口さんは、建物のペインティングなどのアルバイトをしながら、再び昔の仲間とライブ活動を始めていた。始めたものの、所在なかった。特に生活が安定してくればくるほど、このままでいいのかという思いが突き上げてくる。そこで、思いついたのが沖縄への移住だった。

偶然にも「離島フェア」が東京・池袋で行われるという情報を得た。何となく行ってみる。そこに宮古島のブースがあった。資料をもらうと「過疎対策のため、Iターン者を募集している」と書いてある。しかも、行政が積極的に。その資料を出しているところへ手紙を書くと、すぐに返事がきた。

「相談にのりたいので、ぜひ一度島へ来てほしい」とある。

関口さんにはパートナーがいる。石場久美子さんだ。神戸で暮らしているとき、知り合った。彼女も海が大好きで、一緒にどこか南の島へ行きたいね、と話していた。

とにかくまず、出かけてみよう。

そして平成9年。初めて2人で宮古島へ降り立った。

ミュージシャンでもある関口さんの家には
数々のギターが。

「海を見た瞬間、そのあまりの美しさに言葉が出なかったですよ。海の色がとにかく気に入ってね。この海を見て毎日暮らしていけるんだったら、何だってやれそうな気がした。その瞬間、ここに住もうと思いました。彼女も同じ思いでした」

役場の人は、関口さんたちの来島を喜んでくれた。すぐに何件か空き家を紹介してくれたが、どこもかなり手を入れないと住める代物ではなかった。その中でもやや狭い気はしたものの、出直すのも大変だし、とにかくここを拠点にして他にどこかいいところがあれば、また探そうと言って、とりあえず契約したのが城辺町の福里という集落にあった空き家だった。

ちなみに家賃は1万円。安さが何より魅力だったが、

「島にしばらく住んでいると、この広さで1万円というのは、やや割高だというのがわかってくるんですよね（笑）」

そして結局、移住から5年経った今もなお、その福里の一軒家に暮らしている。

4畳半、6畳、そして3畳ほどのキッチン。トイレは外にある。こじんまりとした家だが、南国のエスニック的な雰囲気と日本的な家屋が融合したようなインテリアで飾られているせいか、傍目にはかなり居心地がよさそうだ。2人のセンスのよさが感じられる、とてもいい部屋だ。

「トイレが外なのがちょっと（笑）。しかも、トビラがなかったので、自分たちで竹の葉を格子にして作ったんですけれど、中からわりと外が見えるんですよ」

そう言われてトイレを拝見すると、確かに竹の格子からはスウスウと風が通ると同時に、外から中も見える。野性味溢れるトイレである。

さて。

移住してきた関口さんと石場さんは、半年くらいはのんびりしながらと思いつつ、近所の観光農園でバイトをしたり、土方仕事やマンゴーハウスの収穫作業を手伝ったりしながら、日々を過

ごす。

「最初はね、民宿でもできたらいいねと話していたんです。たまたま空き家になる物件があって、そこの人が出たら開業しようとまで、話が進んだこともあったのですが、大家さんが他の人に貸してしまって、結局、民宿は縁がなかったんだと思ってあきらめた。で、次に思いついたのがアクセサリーの移動販売でした」

夏の間だけだったが、関口さんたちは、役場の許可をもらって宮古島の最東端にある美しい岬で、日本百景の一つにも選ばれている東平安名崎（ひがしへんなさき）で、手づくりのアクセサリーをみやげものとして販売し始める。これが、想像以上に好評だったので、これを仕事にするのもいいかなと思いついたのだという。

そして、2002年になり、自分たちの店をようやく持つことにする。

「ずっと車での移動販売をしていたんだけれど、やっぱり店を持ちたくなってね。何とか土地を手に入れることができたので、開業を目指すことにしました。場所は来間島と宮古島を結ぶ来間大橋の近く。そこに与那覇前浜ビーチというところがあって、その真ん前にあった土地を安く手に入れることができたんです」

まるで雪のように白くまぶしい前浜ビーチは、宮古島屈指の観光地だ。周辺は島バナナの木々が密集しており、南国らしい雰囲気に包まれている場所である。

アクセサリー作りは主に石場さんの担当だ。刺しゅう糸で紐を編んで、さんごを結びつけたり、ゴーヤのタネをアクセントにしてつけたものなどが中心で宮古島らしいものばかり。いずれも、石場さん自身が考え、つくり出したものである。

東平安名崎に屋台を出して
手作りアクセサリーを販売。

●自分の両親の故郷に帰ってきたような安堵感のある島

島バナナの畑の中に作るお店は「ブロックを自分たちで積み上げています。本当に小さな小屋ですよ」。借金もせず、自分たちでできることはすべて自分たちで手がけて作っている。

「ここでは無理してもしかたない。やれることをやっていけばいい」

そんな穏やかな気持ちになれるのも、おそらく宮古島の人々の温かさに毎日触れているからだと、関口さんは話す。

「近所の人たちが実に優しい。親身にいろいろしてくれる。野菜などは近所の方からいただくことが多いですね。何ていうかな、自分の両親が住んでいる町へ帰ったときのような、そんな安堵感があるんですよね」

宮古島に来てよかったと思うことは何ですか。やはりそんな質問を投げかけてみる。すると、関口さんはこんなふうに話してくれた。

「自分は、本当はどんなことが好きなのか。それが明確になった気がする。何でもシンプルになっていくんだ。たとえば、何かひとつ選ぶにしても、あれかこれか、しかない。都会だといっぱい選択肢があって、どれがいいのかわからなくなってしまう。そんなわけだから生活そのものもどんどんシンプルになっていくんですよ。で、それが自分の性に合っている」

生活は月10万円もあれば、十分2人で生きていける。ガソリン代が高く、物価も高く感じるものの、家賃が安いし、何より必要なもの以外は買わない。そういう生活だから十分なのだという。今、宮古島にはどんどん若い移住者が入ってきている。そんな人たちと一緒にバンドを組んで、時折演奏したり、歌ったりすることもあるそうだ。

バンドではベースを担当していたという関口さん。ふと見ると部屋の隅にギターが数台、所狭

しと並べられている。ギター一本一本がキラキラと輝いて見えた。手入れをきちんとされていることが、ひと目で伝わってくる。

自分の好きなもの——関口さんの場合なら、音楽だ——と、美しい海と、そしてパートナーと。

それだけで人間は十分、幸せに生きていけるんだと、ここでもまた教えられた。

【取材を終えて】

関口さんの話をうかがっているとき、やはり気持ちいい風をずっと感じていた。この風と、関口さんの雰囲気が重なった。そばにいるだけでほっとできるし、安らげる。関口さんは宮古島の風そのもののような人だった。

来間島の店は〝小屋の原型〟が出来上がったところ。この小屋は主にキッチンとなり、ジュースなど飲み物を出す予定だ。みやげものはこの小屋から軒を出し、そこで販売する計画だと言う。2002年の夏は、とりあえずまた東平安名崎でアクセサリー販売を行い、秋になったら、また来間島での店作りを再開する予定だという。

石場さんが手作りアクセサリーの一つ、アンクレットを見せてくれた。色とりどりの刺しゅう糸が丁寧に紡がれ、アクセントにゴーヤの種をコーティングしたものを結んでいるという、実にシンプルなものだったが、これを身につけていると、幸せが訪れる、何だかそんな楽しい気分にさせてくれる、可愛らしいアクセサリーだった。

一緒に暮らす
石場さん。

STORY 7

岐阜県
↓
長野県
▼
屋久島

屋久島初の動物医院を開業
ログハウスの家は
自分たちの手で

井上一廣さん（53歳）

種子島西之表港からジェットフォイル「トッピー」に揺られること約45分。天気が悪かった。場合によっては西之表港へ引き返すという条件付きでの乗船だった。

「本当に屋久島へ向かっているんだろうか」と不安を感じながら、窓の外を見ていると宮之浦港が見えてきた。と同時に、屋久島の峻険な山々が連なる姿が、忽然と視界に飛び込んできた。

種子島の平坦なサトウキビ畑の風景に慣れ親しんできた直後だっただけに、そのあまりに対照的な風景に戸惑いすら覚えた。

今まで訪れたどの島にもない、独特の神々しさを漂わせていた。

到着した宮之浦港は小雨が降っていた。

動物病院を営む井上さんご夫婦は、島の南端にある屋久町尾之間に住んでいる。宮之浦港からバスに乗り込んだ。

PROFILE
井上一廣（いのうえかずひろ）
岐阜県出身。生き物全般が好きで、それが高じて日本獣医畜産大学へ。卒業後、東京の動物病院で4年間レジデント（代診）生活をして、小動物（ペット）の臨床を経験、岐阜県で産業動物獣医師などを経て、16年前に屋久島へ移住。11年前、屋久町尾之間に屋久島アルマス動物病院を開業。ずっと自分たちで作り上げたログハウスを自宅兼診療所として活用していたが、2002年1月、すぐそばに別の土地を購入し、自宅兼病院の建物を新築した。
家族構成：妻・恵子さん（50歳）

●すべてを捨てて、2人だけで再スタート

屋久島は「1カ月のうち35日は雨が降る」と言われるほど、雨の多い島だ。

しかも天気はとても変わりやすい。バスの運転手さんに「これから尾之間に行くんです」と、伝えると「あのあたりは屋久島の最南端で一番、温暖な気候に恵まれているところでね。陽がよく射すし、本土からやってくる人たちにも、人気が高いんだよ」と教えてくれた。

事実、尾之間のバス停に降り立つと、まったく雨模様の気配はなく、太陽もキラキラと照りつけている。

井上一廣さんが営む屋久島アルマス動物病院は、本富岳に向かう、山の中腹にあった。

取材を始める前に、その日初めて降り立った屋久島の印象を話すと「僕らも、第一印象は〝寂しいところ〟だったね。どんよりしてて、日本海に似ていると思った。南の島のはずなのに全然トロピカルじゃない。しかも到着してからの10日間、ずっと雨が降っていたからね」と井上さん。

井上さんたちが屋久島へ初めて訪れたのは、ちょうど〝木の目流し〟といって、本格的な梅雨前の雨の時期だった。キャンピングカーに乗って、いったいどんなところか様子を知るため、島内をグルグルまわったが、どこへ行っても雨、雨、雨。

さすがにうんざりした。しかし、それでも「屋久島に住みたい」と思えたのは、屋久島全体の〝たたずまい〟に惹かれるものを感じたからだったという。

「東京からの〝距離感〟もほどよかった。都会のざわめきが聞こえてこないしね。ただ決めつけるのはイヤだったから、ここにしようかな、という程度の決意だったと思う。イヤになったらまたどこか〝自分たちの場所〟を探せばいい。それぐらいの気持ちでした」

ところで、なぜ井上さん夫婦が島暮らしを始めたのか。

そこにいたるまでにはやはりちょっとしたドラマがあった。

井上さんは小さい頃から動物が好きで獣医師を目指し、日本獣医畜産大学へ入った。卒業後、東京の動物病院で4年間レジデントを経験。そして実家のある岐阜県へ戻り、経済連へ就職し産業動物獣医師として働いた。

「僕の産業動物獣医師としての仕事は、いわゆるペットの病気を治すのではなく、牛や豚といった家畜の病気を、農家の経済状況まで把握しながら治していくというものでした。命よりも利益を考えなければならない立場に、いつもフラストレーションを感じていました。それと、一人で抱える仕事量があまりに多くて全然時間がなかった。〃忙しさ〃が自分にとっての〃時間〃というものなのか。そんなジレンマがいつもありました」

同時に、井上さんはもう一つ〃ジレンマ〃を抱えていた。

その頃、ある女性と結婚していたのだが、生きかたとして違うものを感じていた。日に日にその思いもまた高まっていくばかりだった。35歳のとき、これ以上は一緒に暮らせないと思い、離婚した。と、同時に村役場での獣医師の仕事も退職し、その村を離れた。

妻の恵子さんは学生時代からの友人だった。

「私が19歳で、先生が22歳くらいだったかな。私のほうは初めて会ったときから一目惚れをしていました。でも、先生はもう結婚してたから、私も別の人とつきあっていて、先生とは友だちづきあいをしていました」

井上さんが離婚し、しばらくしてから再会し、恋愛感情が芽生え、一緒に暮らそうということになったという。

「彼女の自由闊達なところがよかった。そこに強く惹かれた。あっけらかんとして、人生を楽

しんでいる感じは、彼女の天性だと思ったから」

●新しい土地で、すべてを自分たちで作り上げていきたかった

さて。

これから、2人でどういう生きかたをしていこう？

そのときに出てきたのが「自然に囲まれて、ゆとりのある生活がしたいね」という思いだった。

「ただ、もちろん新天地を見つけることも大切だけれど、できる限り、自分たちで作り上げていく暮らしがしたい。たとえば、ウチも自分たちで作ってしまうような」

そんな中、思いついたのが丸太を使って、ログハウスを自分たちの手で作ることだった。

「ならば、まずはログハウスの技術を習得しようと思いました。とはいえスクールへ通うとなるとお金が必要となる。それもなんだかもったいないと思い、長野県安曇野にあるログハウススクールへ〝入学〟ではなく、〝スタッフ〟として入らせてもらったんです（笑）」

約2年間、ログハウススクールのスタッフの仕事をしながら、技術を学び、「これでもう自分たちでログハウスが作れる」という自信と技術力を育んだ。

そしていよいよ〝新天地〟探しだ。最初は日本海側をキャンピングカーでまわった。福井から京都の北側あたりは意外に温かい。狙い目だと思った。

「大学時代から海が好きで、ダイビングをやっていたほど。それもあって、新しい暮らしを始めるなら、海のそばがいいと思っていたんです」

ところが、なかなか「ここだ」と思える場所が見つからない。そこから紀伊半島のほうへ南

下したが同じだった。

「これはもう、屋久島を見ないと駄目だな」

井上さんの心に、にわかに「屋久島」が浮かんできた。というのも、小学生のときから野性動物に興味があり、屋久島の独特の生態系が気になっていたからだ。そこを見てから、決めたいと恵子さんに告げた。

●水道も電気もガスもない生活からスタート

屋久島へ到着して早々に家を借りた。敷金・礼金なしで月1000円。昭和30年頃建てられた、かつての町営住宅だった。家賃が破格の安さなのは嬉しかったが、たてつけはガタガタ。しかも虫が異常に発生する家だった。

「でかいクモが家のあちらこちらに並んでいるし、ゴキブリも本当にさまざまな種類がいました。ダニも多かったし、白アリにも泣かされた。恵子は虫嫌いだったから、最初は大変でしたね」と井上さんがいうと、「安曇野でログハウススクールのスタッフをやっているときも、十分キャンプのような暮らしをしていたんです。そのとき、蛾にまず驚かされたのですが、こっちへ来てから友だちになってしまいましたよ、とうとう(笑)。最近は〝手乗り蛾〟になっているもの」と恵子さん。今はダニにも慣れた。梅雨の時期、雨がやんで陽射しが照りはじめると、「今日あたり、白アリが出るな」というのもわかるようになったという。

とにもかくにもその家を拠点にして、土地を探し始める。たまたま屋久島に住んでいる知り合いがいたので、その人などにも協力してもらいながら、自分たちが暮らせ、動物病院を開業できる場所を探した。

3カ月後。そんな中、見つけたのが尾之間の高台にある土地だった。広さは一丁四反。一反が約40万円の農地。安さが魅力ではあったが、当初は草が生い茂っており、土地の形もわからない状況だったという。

「加えて、いろいろ登記の件などで問題はあったのですが、場所も気候も屋久島の中では断トツにいいと思い、その土地を購入することにしたんです」

まずは「どこがどうなっているのか、土地の形を知りたくて」草刈りからスタートした。しかし、屋久島は光と雨の土地。草刈りをやり終えたと思っても、その矢先からもう草が生えてくる。「結局、延々と草刈りをやってる感じでした（笑）」（恵子さん）

水は近所の人々から許可を得て、自分たちの手で1週間かかってひいた。それまでは、軽トラックにバケツをのせて近くの水源まで水を汲みに何度も往復していた。

電気もガスもなかった。頼りになるのは薪。木々を拾って、何日か分の薪を必ず作っておいた。「3日分でも薪がたまると、本当に大金持ちになったような気分だった」と恵子さん。「暗くなると、なにも見えなくなるから、その前にすべての用を済ませておかなければならない。本当に石器時代のような暮らしでした、あの頃は（笑）」

ログハウスづくりを進めながら、井上さんは屋久町役場の要請で臨時職員となった。職種はもちろん獣医師。前任者が病気になったためだった。自身で開業するまでの3〜4年、役場に勤めて収入はそれでまかなった。その間、開業前の準備として納得できるまで知識や技術を向上させておきたいという思いもあった。そのため、世界でも動物医療の分野で進んでいるアメリカへ何度かセミナーを受けに行ったり、開業医の話を聞いたりなどもした。

そして92年。ログハウスも完成したのを機に、いよいよ井上さんは動物病院開業に踏み切ることになる。

屋久島の生活を満喫している
井上さん夫婦。

●今はもう、この島の自然が〝当たり前〟のことになっている

屋久島にはそれまで動物病院というものがなかった。というのも、何より動物をわざわざ病院へ連れていって診療してもらうなどというのは、むしろ恥ずべき行為という意識が昔から根づいていたためだった。

「最初は、病院へペットを連れてくるのも近所の目を避けて、といった感じでしたよ。ワクチンなど予防接種を受けるなどという発想、習慣などはまったくなかった。10年経って、ようやく変わってきましたが」

井上さん自身も、あえて積極的に宣伝したりはしなかった。心底、動物のことを考えている人たちの間に、こういう病院があることを知ってもらい、利用してもらえればそれでいいと思っていた。今もそのスタンスは変わらない。

近所づきあいなどにしても同じだ。地元の人々を拒む必要もなければ、無理して中へ入って溶け込もうとする必要もないと考えている。

「私たちの場合、人とのつきあい方は、都会にいる頃とまったく変わらない。自分たちが楽しいと思えば、祭りにも出るし。自然の流れにまかせていって、ヘンに構えて気を使う必要はないと思う」

人生を左右するような重大な決意をして、〝シガラミ〟を断ち切って、心の平穏を求めて島へ移住してきたのに、ストレスになるような、無理なつきあいをしたら、何のための田舎暮らしか分からなくなる、と井上さんは考えている。

「人間社会はどこも同じだと思う。卑屈になって無用な遠慮をしたり、反対につまらない都会人風を吹かせて尊大になることもなく、互いを尊重しあって心の交流をしていけばいいと思う」

移住して16年。井上さんは、岐阜県という自然に満ちあふれた場所で生まれ育ったせいか、この屋久島での生活を、もう当たり前の、日常的なこととして受けとめている。一方、東京下町育ちの恵子さんにとっては、まだまだこの豊かな自然が新鮮だという。

「朝、起きたとき、小鳥のさえずりが聞こえて、風の音が聞こえる。光がキレイで山や空の色が毎日違う、というのが気に入ってるところ。時間もゆったり流れていく。だからすごくラク。唯一の欠点はゆるりとした生活をしているから、ついつい太ってしまうことかな（笑）」（恵子さん）

【取材を終えて】

2002年1月。井上さん夫婦は住み慣れたログハウスを離れ、新しい自宅兼診療所に引っ越した。

「どうしてまた、新しく建てることにしたんですか？」と聞くと、「もう年齢的にもキャンプに毛が生えたような生活は卒業していいんじゃないか、と（笑）。雨がひどいと小屋から炊事場へ行くのにいちいちびしょ濡れになっていたのよ。同じ屋根の下にトイレがあって、ご飯も雨に濡れずに作ることができる生活がしたくなったの」と恵子さん。

屋久島に住んでもう16年。まだ縄文杉を見にいったことはないそうだ。しかし、私には井上さん夫婦自身の人生、暮らしこそが実に大らかで、屋久島そのものを象徴しているように思えた。

COLUMN

取材こぼれ話 ②

奄美な人々——その②

アキラさん

前頁で紹介した名瀬市役所の花井課長はこう言った。「奄美には1000人の寅さん、1万人のさくらがいるんだよ」と。奄美の男はとにかく親切だからと豪語する。「お節介と思われるくらい、親切なの。それが奄美の男のいいところ」と。

本当かなあと思っていたが——。

いや、本当だった。「こんなに人の好意に甘えていいのだろうか」と自責の念にかられるくらい、私は行く先々で親切にしてもらった。

中でも特筆すべきはアキラさんである。

奄美大島での最後の取材。アウンリゾートの徳田さんのところで話をうかがっているときだった。取材も終わり、「空港近くまでタクシーで行くので、呼んでもらえますか?」と話している、まさにそのとき入ってきたのがアキラさんだった。

アキラさんは、某会社の奄美大島営業所所長さん。食材全般の卸しをされているようで、その日は冷凍イカだの、冷凍ホタテ、その他お米やら小麦粉やらを徳田さんのところへ持ってきていた。

一通り、食材を渡したことを確認すると、アキラさんは私たち3人のテーブルに一緒に座った。

それからなぜか小一時間ばかり、4人でたわいもない話をしていた。「私のタクシーは?」と思いながらも、まだまだ時間はあったので一緒になってくつろいでいた。

しばらくして、徳田さんが思い出したように「あっ、そうそう彼女、これから空港へ行くんだって。アキラさん、空港の方へ行くんだったら乗せてってあげてよ」と話してくれた。

「いいよ。空港の方へ行くから大丈夫。飛行機は何時？　7時だったら、まだ時間あるねえ。どっか行きたいところとかないの？」とアキラさん。

「空港近くの田中一村の美術館は行ってみたいんですけれど」

「そうだねえ。あそこは寄っていった方がいいよ。そうそう田中一村は、僕の集落に住んでてねえ。なーんか、人と目を会わさない、ヘンなおっさんだと思ってたんだけど、ああいう絵を描いていたんだねえ。びっくりしたよ。才能ある人っていうのは、やっぱりちょっと変わってるね」

そう言いながら、アキラさんは私を連れてアウンリゾートを後にした。

で、ふつうならそのまま田中一村の美術館へ向かうところなのだが、〝奄美な〟アキラさんはそうではなかった。「ばしゃやま村」というホテルリゾートが目に入ってきた途端、急に思い立ったようにそこの駐車場へ入っていく。

「ここのオーナーが面白いから、会っていくといいよ」。ところがオーナーは留守。すると
「ここの息子が、最近、陶芸始めてねえ、なかなか面白いヤツだから会って話してごらん」と連れていってくれる。

「いやあ、こんにちは。ちょっとお邪魔するよ」

そう言いながら、アキラさんはその息子さんの工房へ入っていく。

「今日はねえ、珍しいお客さんを連れてきたからねえ」と言いながら私を紹介しはじめた。

「この人は東京のライターさんなんだって。島へ移住した人の取材に来たんだってさ」

なぜか、急にちょっと得意気。その紹介のしかたは、本当に寅さんそのものである。陶芸家の息子さんもまた快く私を温かく迎え入れてくれ、30分くらい話をさせてもらった。

「じゃあ、そろそろ行こうか」とアキラさんは仕切り、その場を後にする。が、そのまま車には向かわなかった。今度は「このホテルリゾートで、コーヒーを飲んでいこう」という。「ここのはウチの珈琲だからね、美味しさは保証するよ！」などと言いながら。コーヒーを飲みながら、「あのう、仕事は大丈夫なんですか？」と恐る恐る聞いてみる。あまりにもくつろいでいるので、もしかして、アキラさんは仕事のことを忘れているかもしれな

ばしゃ山村のビーチ

い、と思ったからだ。

「いやあ、大丈夫、大丈夫。別に急がないからね」

一息ついた後、ようやく田中一村美術館へ。ところがその日はなんと、休館日。

「いやあ、また奄美へ来いってことだよね」と笑いながら、ようやく空港まで送ってもらう。

そして、別れ際、「今度来るときはさ、ちゃんと連絡ちょうだいね。僕の営業まわりのスケジュール、合わせるからさ（笑）」などと冗談まじりで、嬉しいことを言ってくれた。

何の代償を求めることなく、ただただ素朴な気持ちで、人に接することができる。人にしてあげたいと思うことを、素直に行動にうつすことができる。簡単なようでなかなかできない。こういうところが島の人々のよさなのだと、実感したひとときだった。

とにかく憧れの島で暮らしたい！
いてもたってもいられず、
単身で移住

STORY 8

千葉県
↓
東京都文京区
▼
奄美大島

自分の生活がしたいなと思ったとき、頭に浮かんだのが島での生活でした

鈴木 美穂子さん（32歳）

●島には私の欲しいものが全部ある気がした

島の取材を続けている中で「最近、女性がひとりで移住してくるケースも増えているんですよ」という言葉をよく耳にした。

鈴木美穂子さんもそのひとりだった。

千葉県出身の鈴木さんが奄美大島へ単身で移り住んだのは約5年前。彼女が27歳のときだった。高校卒業後、専門学校へ通って歯科衛生士の資格を取得し、その後は三鷹にある歯科診療所に勤めていた。当時、住んでいたのは都内文京区だった。

「東京23区内での一人暮しに憧れていたんです。で、たまたま叔母が文京区にいたので、その近所だったらいいと両親も許してくれたので、実家を出たんです」

家賃はワンルームで7〜8万円。狭かったものの、それでも華やいだ都会生活に身をおけたこ

PROFILE
鈴木美穂子（すずきみほこ）
昭和45年4月22日生まれ。千葉県出身。歯科衛生士の資格を取得し、しばらく三鷹市にある歯科病院で働いていたが、島での暮らしを実現したくて、27歳で単身、奄美大島へ移住。現在は名瀬市内にある歯科クリニックで歯科衛生士として働く一方、女子トライアスロンの選手としても活躍している。

とが何より嬉しかったと鈴木さんは振り返る。

「でも、それは最初の頃だけでした」

通勤は電車とバスを乗り継いで約1時間。満員電車に揺られながら、いつも時間に追われているような感覚につきまとわれていた。

あるとき、バスの停留所で、ふと空を見上げた。唖然とした。

星がひとつも出ていない。

「ああ、東京では星も見えないんだなあと思ったのと同時に、毎日毎日、時間に追われながら生活している自分が、すごく〝小さく〟なってきている気がしたんです。その頃からかな、東京は私が生活したい場所じゃないって思い始めたのは」

そんなとき、ふと浮かんだのが「島で生活してみたい」だった。

というのも父親が東京都の教員で、彼女が中学卒業までの14年間、三宅島へ赴任していたからだ。

「たぶん、島っていう言葉がごく自然に思い浮かんだのは、三宅島での生活があったからだと思います」。

鈴木さんの父親は三宅島の生活がとても気に入って、ふつうは2年間の赴任で、本土へ戻るのに、「三宅島がとても気に入ったので」と任期延長を申し込んだほど。また、本土へ戻ってきてからも年に1～2回は友だちや家族を連れて三宅島へ遊びに行っていたという。

「島の空はきれいだし、星も美しく見えるし、海も緑も澄んでる。考えたら私の欲しいものがすべて揃っていた。そう思い始めたら、いてもたってもいられないほど、島へ行きたいと思うようになったんです」

しかし、当時25歳の鈴木さんには、なかなかその思いを実行に移す勇気がなかった。たとえ、

島へ行っても島の人たちに受け入れられなかったらどうしよう⁉　仕事がなくて生活できなかったらどうしよう⁉　帰りたくなったときにお金がなくて帰ってこれなかったらどうしよう？

「マイナスのことばかり考えて、最初の一歩を踏み出す勇気がなかったんです」

そんな彼女がいよいよ「今しかない」と決断したのが27歳のときだ。

「27歳になると、いよいよ30歳が身近になってくる（笑）。そう感じた瞬間、思ったんですよ。島へ行くのは30過ぎたら絶対無理だろうって。だからといって28、29歳になって焦って動くのも怖い気がした。27歳だったら、たとえ失敗したとしてもまだ余裕があるし、こっちへ戻ってきてやり直しもできる。とにかく島へ行くなら今しかない。だんだんそう思えてきたんです」

●不便なく島の生活をするにはピッタリだったのが奄美大島

三鷹の歯科クリニックを退職し、彼女がまず最初に向かったのは小笠原だった。

「島といえば、やはり南の島で、何となく小笠原かなと思ったんです。ダイビングも好きだったし、いろんなマリンスポーツも楽しめたらなんて思っていたから」

小笠原はかなり気に入った。何より手つかずの自然に満ちていた。できれば住みたいと思ったが、仕事がどうもなさそうだ。一人で暮らしていく上で仕事がないのは非常に困る。それで次に訪ねたのが奄美大島だった。

「小笠原へ向かう船の中で知り合った人が、奄美大島はいいところだよって教えてくれていたのです。で、小笠原は無理だと思って、いったん東京に戻り、地図やガイドブックでいろいろ調べてみたんです、奄美大島のことを。そしたら、名瀬市という比較的大きな都市があるし、少し名瀬を離れただけで、手つかずの自然が色濃く残っている場所も多いそう。不便なく島の生活が

トライアスロンはもはや
彼女のライフワーク。

したい、というのはちょっと贅沢かもしれないけれど、そう思っていた私にとって、とても魅力的に感じられました」

奄美へ向かう前に、どんなところか少しでも情報を得ておきたいと思った鈴木さんは、東京都内で行われたリクルート社の「UターンIターンフェア」をのぞき、鹿児島県のブースに立ち寄って、奄美大島の状況を教えてもらった。

「奄美群島広域事務組合という、Iターン者のための窓口があるから奄美に行ったらそこを訪ねてごらん、と紹介してもらったんです」

●奄美に到着した直後に、就職先と住まいが決定！

奄美に到着した鈴木さんは教えられたとおり、最初にまず、広域事務組合を訪ねた。

そこで「どうして奄美に住みたいのか」「どんな仕事がしたいのか」などを質問された。それに対してこれまでの経緯と、仕事としては歯科衛生士の資格を持っているので、できれば、その資格を活かして働きたいと正直に話した。

「車で名瀬市内各所を案内してもらいながら、そんな話をしたわけです。でね、驚いたのは、私が歯科衛生士の資格を活かしたいからと話した直後。広域事務組合の伊地知さんという方が〝なるほど。じゃ、あそこの歯医者で聞いてみよう〟って言って、車から見えた歯科医院にいきなり飛び込んで、〝彼女は鈴木さんっていうんだけど、奄美に住みたいと話しててね、で、歯科衛生士の資格があるから、歯医者で働きたいそうなんだ。だからお宅で働かせてやってくれないか〟と頼み始めるわけです。もう、びっくり。こんなふうに飛び込みで頼めてしまうんだと本当に驚きました」

ほとんど毎年
参加している。

また、その歯科医院の方も親切で、「うちでは雇えないけれど、他の歯科医院で募集しているかもしれないから」と、市内に点在する歯科医院へファックスを一気に送ってくれたのである。

「そしたら、実はひとり雇いたかったという歯科医院があって、すんなりそこに就職が決まってしまったんですよ（笑）」

住まいも予想外に早く決まった。広域事務組合の知り合いの人が空き部屋が一つあるから、そこはどうだと紹介してくれたのである。勤め先の歯科医院とは目と鼻の先。即決だった。広さ8畳、6畳の部屋とキッチンがあり、バス・トイレは別になっている。しかも新しい。それで家賃は3万5000円。

「当初は、住まいをまず決めて、島へ移住してきてから、ゆっくり仕事を探そうと思っていたんです。ところが、とんとん拍子に住まいも仕事も決まってしまった。これはもう、島が私を呼んでくれているんだとしか思えなかったですね」

実家の両親は島へ移住することに反対だった。しかし、

「母はいつも、一度きりの人生なんだから、自分が後悔しないように生きなさいというのが口癖だった。私もそう思う、後悔したくないから島で暮らしたい」と説得した。

もともと父親の影響で島に憧れるようになった鈴木さん。それだけにいざ奄美大島へ向かうとき、「そんなに島が好きなのか。やっぱりお父さんの娘だな」という父親の言葉が胸に染みた。

「その一言で、自分自身の心の中に、少しだけ残っていた迷いも不安も、全部吹っ飛んだ気がしました」

2年後、父親が「今度の夏、奄美へ遊びに行くから宿をとっておけよ」と連絡してきた。しかし、奄美へ向かう2週間前に病気が発覚し、入院。そのまま帰らぬ人となってしまった。

「でもね、奄美へ来たいと言ってくれたことが何より嬉しかったです。きっと父は、私の島で

トライアスロンは奄美の自然を
体中で感じられる。
だからやめられない。

の暮らしを見たかったんだと思う。それが果たせなかったのは残念だけれど、でも、今は天国から見て、安心してくれていると思う」

実際、島へ移住して5年経つが、鈴木さんは島の人とほとんど変わらない生活を送り、島の生活をとことん楽しんでいる。

●奄美でトライアスロンを始め、大会にも毎年出場

最初に入った歯科医院には2年ほど勤めたが、父親の病気で少し千葉の実家へ戻らなければならなくなったため、いったん退職。父親の死後2カ月で島へ戻り、別の歯科医院に改めて就職する。勤務は午前9時から午後6時まで。定時で終わって帰ると彼女は約2時間、トライアスロンの練習に勤しむ。

幼い頃から水泳も走るのも得意だった。だからトライアスロンには以前から興味があった。どうしたらやれるのかと思っていたら、前に勤めていた歯科医院の患者さんが「チャレンジクラブという、トライアスロンのクラブがあるから、入らないか」と誘ってくれた。それを機に本格的な練習も開始した。

クラブの年齢層は18歳から50代と実に幅広い。

「ここに顔を出すようになって、どんどん島のいろいろな人たちと知り合い、仲良くなっていきました。打ち解けてきたことを毎回感じられる。そういう意味では本当にいい人たちと出会えているとしみじみ思う」

島の人々はとことん世話をしてくれるし、面倒を見てくれる。何か相談すれば、必ず親身になって解決へと導いてくれる。

島の人々ともすっかり仲よくなり、「島人」となりつつある。

「それが嬉しいと思えるかどうか。人によっては有難迷惑だったりもしますよね。私の場合は、そういう人との関わりが嬉しくてしかたなかった。だからこそ人と人とのつながりの濃い、田舎の生活が合っているんでしょうね」

島で暮らすようになって3年目の頃、他のIターン者にこんなことを言われた。

「島の人たちは、こいつは本気でここに住むつもりなのかという目で内地からきた人間を見ている。島の人になれるかどうかは、これからが勝負。ちょうど今、瀬戸際にいるんだよ」と。

その言葉を聞いたとき、確かにそうだと思ったし、自分が島の人間だったらやはり同じ視点で内地の人間を見つめるに相違ないと思った。しかし、あえてそのことを意識して頑張るつもりはないと鈴木さんは語る。

「自然に暮らしていって、そんな自分をまわりが受け入れてくれれば十分。それによそから来たのは事実なんだし」

島のしきたりだって知らなくて当然。わからなければ、聞けばいい。無理に入っていこうとせず、嫌だなと思うことには入っていく必要はない。それはどこで暮らすにしたって、そうなのではないだろうかと鈴木さんはいう。

「私はね、ここにもうずっと住みたい。それこそ島の言葉が自然に出てくるほどに、島の人になりたい」

東京にいたころ30万円近くあった月収は約半分に減った。しかし、お金を使うといってもトライアスロンの費用くらい。東京では洋服や遊びなど、残らないものにお金を使っていたが、今は自分が買いたいもの、使いたいものだけに使っているので、ヘンなストレスはたまらないし、それなりに貯金だってできる。精神的には実にラクなところにいられるという。

鈴木さんは早朝、仕事前に走ることも多いそうだ。朝やけが実に気持ちよく、どこまでも走っ

島の人も移住者も関係なく
飲み会はいつも盛り上がる。

ていけそうな気がするという。夕日は実に力強く、空の色が変わっていくさまが〝はっきりしている〟。夜は夜で星一つひとつが大きく、眩《まぶ》しさすら感じられる。

「海の色も天気や晴れ具合によって、毎日変化する。不思議なもので曇っているときには曇ったなりの〝青〟の美しさがあって、晴れているからといって必ずしもいつも美しいとは限らない。自分の感じ方で海を見つめられるのも毎日の楽しみになっていますね」

お金はない。けれど、贅沢な生活をしている。鈴木さんは最後にそう言い切った。

【取材を終えて】

島へ移住した女性たちに会って思うのは、どの人もみなとてものびやかだということだ。鈴木さんはトライアスロンのために鍛えた体と、そして笑顔がとても印象的で素敵な女性だった。その笑顔はまるで奄美大島の、キラキラ輝く海そのものだった。

都会での彼女の姿はちょっと想像できなかった。

STORY 9

東京都杉並区
▼
沖縄県那覇市

忙しさは東京のころと大して変わらない。でも「いい一日が送れた」と充実感を感じる日々。沖縄が自分にパワーを与えてくれる

浦 祐一郎さん（39歳）

●転勤で赴いた沖縄。最初は戸惑いつつも「沖縄」が体にジワッとしみ込んでいった

今の生活が何となく面白くない、つまらないと感じていても、何かきっかけがないとそれをどう変えていいのか、その術《すべ》に気づくことはなかなか難しい。

「思えば、東京では充実感のない、つまらない日々を過ごしていた気がする。人生の目的が何なのかが見つからず、何をやっても中途半端でした。休日ですら、ダラダラと過ごしていて、結局何をしていたのかわからなくなってしまう。でも、そのときは東京以外で暮らすことなんて考えられなかった。転勤がなければ、きっと悶々としながらもずっと東京での生活を続けていたと思います」

浦祐一郎さん、39歳。那覇市の中心地、久茂地近くにあるマルチメディアコンテンツ制作会社で働き始めて4年が過ぎた。

PROFILE
浦祐一郎（うらゆういちろう）
1963年4月16日生まれ。東京都出身。上智大学法学部卒業後、大手通信会社へ入社。その後、大手コンピュータシステム開発会社へうつり、SEとして働く。96年5月、転勤で沖縄に住みはじめ、次第に沖縄にハマり始める。99年3月末に退職して沖縄へ移住。現在は那覇市内にあるマルチメディアコンテンツ制作会社でWEB制作の仕事に携わる。趣味はスキューバダイビング、三線。

「忙しさは、たぶん東京にいたころとそんなに変わっていないんです。でも、気分が全然違う。ここ（沖縄）にいることが自分にとって本当に自然。心も体もしっくりくる感じなんです」

浦さんが沖縄へ初めて訪れたのは今から約6年前。大手コンピュータシステム開発会社でシステムエンジニア（SE）として働いていた彼に、沖縄転勤の辞令が下りたのだった。

「大きなプロジェクトが終わった直後で、ホッとしていた矢先に突然の辞令。寝耳に水で驚きました。気持ち？　いやもうまっさらでとにかく行ってみるか、というだけでした」

転勤先では、国際機関の研修センターでコンピュータを教えるという仕事を任された。仕事は朝から晩まで。夜遅くまで残って仕事をすることも多く、そういう意味では、東京で働いているときと何ら変わらなかった。

しかし、不思議に「キツイ」と感じる度合いが違ったという。

「東京のときには、深夜に仕事が終わると、そこから電車に乗って何十分もかけて帰らなければならなかった。でも沖縄では車で10分。通勤がラクなんです。そのせいか気分もラクだった」

転勤先の研修センターは海近くの高台にあった。窓の外にはいつも海が広がっているせいか、毎日天気や海の状況を感じて過ごすことができた。それもたぶん、気持ちに余裕が生まれる要因だったと、浦さんは振り返る。

転勤してほどなくしてスキューバダイビングを始めた。赴任期間は2～3年だ。その間、せっかく沖縄で暮らすのだから、ここでしかできないことをいっぱい体験して帰りたい。動機はそんな感じだった。

ところが、スキューバを始めてすぐに浦さんは沖縄の海の虜になった。「これが海なんだ」と素直に感動した。そして、それを機にジワジワと沖縄に住みたいという気持ちが高まっていくことになる。

仕事の量は東京にいる時とほとんど変わらない。

「ラジオからも沖縄の音楽がよく流れてくるでしょ。いろんなジャンルがあるのですが、沖縄の音楽にはどこか〝力強さ〟がある。だから心にしみるんです。三線の音色も心を落ちつかせてくれる。弾けるようになりたくなって、自宅近くの公民館のサークルに入って習ったこともありました」

沖縄全体がジワッと自分の体の中にしみ込んでいく。「ここに住もう」と決意した浦さんは、いったん東京へ戻るものの、その半年後に退職し、沖縄県へ移住する。

●住居は転勤で東京へ戻る際に借りてしまっておいた

転勤だったとはいえ、3年半沖縄で暮らしていたというのもあり、アパートはすんなり借りることができた。3DKで駐車場代込みで6万2000円。那覇市内の中心地にもほど近く、しかも海へも車で15分くらいで出かけられる、地の利のいい場所だ。

退職金と多少の貯蓄があったため、1年くらいは働かずのんびりしようと考えていた。「仕事は何とかなるだろうという根拠のない確信があった。たぶん、これは自分自身に対する決意表明のようなものだったのかもしれません」

ところが、それが功を奏したのか、思いもよらぬほど早く仕事が見つかった。

たまたまインターネットで今の会社のホームページを見つけ、スタッフ募集とあったので「どんな感じなのかな」と気軽に応募したら、そのまま採用になってしまったのである。「川が流れるように、ものごとがすんなり決まっていってしまった」感じだった。

WEBサイトの立ち上げという現在の仕事は会社に入ってから覚えたことだった。しかし、長年SEをやっていた経験があるせいか、すぐに慣れた。

沖縄の中心地那覇市久茂地に浦さんの働くオフィスがある。

冒頭にも少し触れたが、やるべき仕事はあまりに多く、忙しい。残業時間はむしろ前職より増えているかもしれない。

しかも賃金は安い。月々手取りで約17～18万円。入った当初は15万円くらいだった。それぐらいもらえれば、まだいいほうだったりした。

「沖縄県は全国の2倍の失業率の高さで、しかも低賃金。しかも長時間労働。冷静に考えると実は非常に厳しい。住居費が安く、服も厚着をすることはほとんどないので、何とかやっていけている状況です。贅沢な生活はできませんが、それでもお金でははかれない魅力的な〝何〟かがここにはある。だから暮らしていこうとも思えるんです」

●一番の楽しみは、地元の人々とのつきあい

移住してきたころは、ただひたすらに「沖縄が好き」という気持ちだけが突っ走っていた。しかし、実際に地に足をつけて暮らしはじめると、今まで見えていなかった〝沖縄〟もまた見えてくる。先ほども触れたが、長時間労働のわりには低賃金だったり、地元ウチナーンチュとのちょっとしたところでの考え方のズレ、感じ方のズレ、仕事のしかたのズレなどを感じたり。そのギャップに悩むこともあった。

しかし、それでもやはり沖縄で暮らしはじめてよかったと浦さんは断言する。

「沖縄の人たちとつきあうようになって何といっても視野が広がった。考え方も変わった気がします。毎日が充実しているし、ああ、いい一日が今日も送れたなあ、なんていう気持ちにもなれる。新しいことにも果敢にチャレンジしてみようという前向きな気持ちも育まれてる。確かに、島の人は昔から言われているように時間にルーズだったりするけれど、僕自身もこっち

へきて、時間にルーズになってしまってるから、そんなに気にならなくなった（笑）」

ウチナーンチュ、ナイチャーという言葉があるように、沖縄の人々は島の人間、島外の人間をきっかり分けて考える。だから、こちらがいくら打ち解けようと思っても、また打ち解けて仲間になったとしても、「あなたはナイチャーだもんね」と見られる。一生懸命島の人間になりたいと思っていても、いつまでもそうやって見られ続けることに対して嫌悪感を感じるIターン者もいる。しかし、それはあまり気にする必要はないと浦さんは思っている。

「沖縄の人々は、基本的にはウエルカム。決してナイチャーを拒絶しているわけではないんです。自分たちはウチナーンチュなんだという誇りが彼らの心の支えであり、決してなくしたくないと思っているアイデンティティ。逆に今の本土に住む日本人に失われた精神が、今なお息づいている。それはこちらもちゃんと認めていかないといけないと思う」

WEB関係の仕事をしている人には、住んでいるのは沖縄でも、取引先は東京など本土だという人も多い。それはそれで一つの〝在り方〟だし、生きていく手段だと浦さんも思う。しかし、彼自身は沖縄の地域産業が発展していくようなことを、沖縄の人々と一緒に実現したいと思っている。

【取材を終えて】

沖縄本島にはWEB関連の技術を持って移住する人々が多い。忙しいという意味では、東京と大差のない仕事だ。それでも窓の外をはるか見やると、赤瓦の屋根が見えたり、その向こうに海が見えたり。そんなことだけで、人はごくごく自然におおらかになれる。自分の中に自分の時計を持って生きていける。そんなことを、浦さんとお会いして感じさせてもらった。

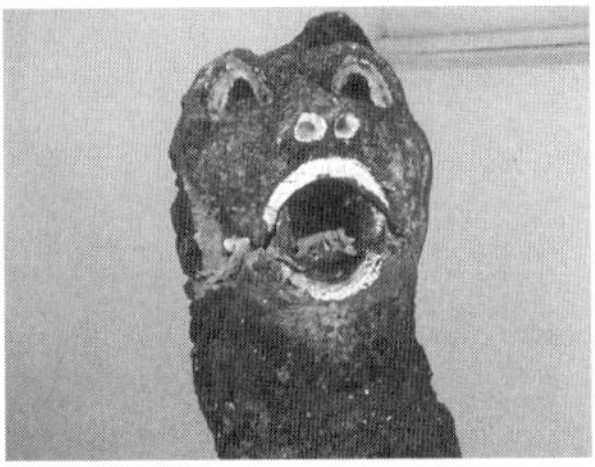

STORY 10

埼玉県越谷市
▼
沖縄県浦添市

都会で見失っていた〝何か〟を沖縄で感じた。迷いを吹っ切って単身で移住

上村 秀也さん（40歳）

那覇市内から北へ向かう最もスタンダードなルートが国道58号線。浦添、宜野湾、北谷、嘉手納を経て、読谷、恩納村へと抜けていく。

上村秀也さんの自宅兼工房のマンションは、この国道58号線沿いにあった。ちょうど宜野湾の、米軍払い下げ品やアメリカの中古家具店が点在するあたりだ。

5階建てマンションの最上階のその部屋からは、沖縄の町と東シナ海が一望できる。おおらかな南国の都市らしい風景だ。

「風が気持ちいいですね」というと、

「そうなんです。南国なんだけど、クーラーなんて全然いらない」と上村さん。

それにしてもこの部屋、何かが足りない。何だろう？　独身男性の部屋をいきなり訪ねてきてジロジロ物色するみたいに見るのも失礼かなと思いつつ、あたりを見回してみた。

PROFILE
上村秀也（かみむらひでや）
昭和37年4月11日生まれ。埼玉県出身。溶接検査の仕事、釣具店の販売店、SEを経験。28歳のとき、友人と初めて訪れた沖縄に一目惚れし、32歳で移住。当初はSEとして働いていたが37歳でトンボ玉職人として独立。トンボ玉琉球しまー工房主宰。

テレビが、ない。

「気づきました？（笑）。都会を離れるわけだし、まあ、沖縄のこのあたりも都会と言えば、都会なんですが、せっかく南国へ移住するわけだから、できるかぎり〝文明〟から遠ざかって暮らそうと思ったんです。それで大したことではないのですが、エアコン、テレビ、洗濯機は置かないことにしているんです」

洋服はTシャツと短パンなど、年間を通してほとんど薄い生地のものしか着ない。だから洗うのも簡単。洗濯機なんて要らないんです、と上村さんは笑う。テレビはここにきて3年以上、見てないという。

「ニュースは気になりませんか？」とたずねると、

「今はインターネットがあるから」と一言。確かにそのとおりだ。

玄関から入るとすぐに台所があるのだが、その脇に大きな作業台がある。そこがトンボ玉職人である、上村さんの〝職場〟となっている。バーナーの火でガラス棒を溶かしながら、静かに鉄心に巻き付けていき、こてを使って丸くしていく。場合によっては別に紐のパーツを作っておき、溶かしつけたりしながら、作り上げていく。

上村さんはこのトンボ玉の技術を誰かに教わったわけではない。すべてインターネットのサイトからだった。トンボ玉がどういうもので、どんな風に作るものなのか、そして材料の入手まで、すべてインターネットのサイトから情報収集し、覚えた。

「トンボ玉職人になりたくて、沖縄へ来たわけじゃない。とにかく沖縄に住みたかった」。

トンボ玉職人という仕事は、移住してから見つけた天職だった。

●何の予備知識もなく、無垢な気持ちで訪れた沖縄に一目惚れ

「海が大好きで千葉や湘南でサーフィンや釣りを楽しんでいた。でも、沖縄へ初めて来たときに本当に海が美しくて圧倒されてね。まさに一目惚れでした」

28歳で友人と初めて訪れた沖縄旅行。そのときの感想を上村さんはこんな風に話してくれた。さらにそんな〝一目惚れ〟に追い打ちをかけたのが、タクシー運転手に連れていってもらった居酒屋で出会った人々だった。

「とにかく面白い人たちばかりでなおかつ、〝自分〟というものをみんなちゃんと持っていた。たとえば、年頃の女の子がいたんだけど、トム・クルーズを知らないって言うんです。沖縄にもレンタルビデオ屋はたくさんあるはずなのに。それを聞き、沖縄の人は安易な情報にいちいち反応することなく、自分のペース、感覚を大事にして生きていると思ったんです」

沖縄の人は落ちついている。これまで生きてきた人生の中で、出会ったことがない〝人たち〟だった。

都会で暮らしてきた自分はどうだろう？　忙しさに追われて、あまりにも大事なものを見失っていたのではないか。そんな気づきがあった。

そう思い始めたら、たまらなく沖縄が愛しくなってきた。

「沖縄に住もう」

そんな思いが上村さんの頭の先から足のつま先にいたるまで一気に広がった。一緒に旅行した友だちにもそう断言した。

しかし、いったん越谷へ戻ると、沖縄での〝決意〟は途端に揺らぐ。30年近く慣れ親しんだ土地を離れるにはあまりにも、覚悟が必要だった。これまでに築き上げてきた人間関係をすべ

トンボ玉を作り出すと我を忘れて夢中になってしまう。

て断ち切るのもシンドイ。何より、沖縄には誰一人知り合いがいなかった。そんな心細さが、決意を鈍らせた。

「それから毎年必ず沖縄へ遊びには来てました。そのときの自分にできる精一杯のことが、そんなことだったんです」

●退職して沖縄へ。レンタルバイクで1週間まわり、住居を決めた

そんな上村さんがいよいよ決断するときがきた。

32歳になっていた。でも、今沖縄へ行かないと絶対後悔するという気持ちの方が強くなっていた。当時、小さなソフトハウスでSEとして働いていたが、非常に毎日が忙しい。自分の時間がとれないことに対してジレンマを感じていた。

前出の鈴木さんは27歳が「今、行かないと」のタイムリミットであり、上村さんにとっては32歳が、島へ移住する〝デッド〟だったというわけだ。島へ移住する、しないに関わらず、誰にでもそんな風に重い腰をあげて、次へ進むべき〝適齢期〟みたいなものがあるのかもしれない、と上村さんの話を聞きながら思う。

32歳の上村さんは一人沖縄へ飛んだ。沖縄ではレンタルバイクを借りて、ホテルに2週間滞在しながら、本島のあちらこちらを見てまわった。まずは住まいから見つけようと思ったからだ。

「とにかく田舎がよかった。でも、たぶん仕事は那覇市内になると思ったので、那覇へ比較的早く出られる地の利のよさも条件の一つでした」

結局、最初に選んだのは具志川にあるアパート。ちょうど本島の中央あたりでやんばるへも行けるし、那覇へも行ける。アクセスが良さそうだった。なおかつ本土とは全く違う、南国らしい

自然が手つかずのまま残っているようなエリアでもあった。

アパートの家賃は4万3000円。2LDKで広さとしては申し分なかった。沖縄で暮らすには地元の保証人が必要だとこれまでに読んだ本に書いてあったので心配していたのだが、聞いてみたら意外に「保証人が地元にいなくても大丈夫ですよ」と言ってくれる不動産屋が何軒かあった。

住まいが決まると、今度は職探し。本島各地にある職安をまわり、3～4カ月後にようやく決まった。SEの仕事はもうコリゴリと内心では思っていたが、新しい土地で働くのであれば、これまでの経験を活かしたほうがいいと思い直し、小さなソフトウェアハウスに再就職したのである。

「30歳を過ぎた人間を雇ってくれるところはなかなかなかったし、何より給与も他の職種に比べてよかったので、これはやはり経験を活かさないともったいないと思ったんです」

その後、二度ほど仕事を変わるが、いずれもSEの経験を活かす仕事だった。

●ネットサーフィンで偶然見つけたトンボ玉にハマる！

上村さんがトンボ玉サイトを見つけたのはちょうど今から3年前。沖縄へ移住し、転職先での仕事にも慣れ、沖縄の人々ともどんどん親しくなっていった頃だった。

それは富山県在住の、トンボ玉作家のサイトだった。見ていると何となく面白そうだ。早速、材料と道具をネットで購入し、チャレンジしてみることにした。

と、これが想像以上に面白い。ガラスという素材にも面白みを感じた。自宅で手軽にできるのも嬉しかった。気づいたら、寝る間も惜しんで作っていた。

「わからないことがあると、その富山の作家さんの掲示板に質問を書き込んで送ったりして、少しずつ知識と技術を習得していきました」

さらに面白さに拍車をかけたのは、そのトンボ玉を親戚の子どもや会社の同僚の女性たちにあげると非常に喜んでくれたことだった。

「自分で作ったものが人に喜ばれる。これだけ達成感を感じたことって、今までなかった。いっそのこと、これを仕事しよう。そう思い、トンボ玉で食べていくことにしたわけです」

沖縄へ移住して5年目、37歳の年だった。

●好きなときに働き、好きなときに海へ出かける。時間に追われるのではなく、自分で時間を刻んでいく

トンボ玉職人となった上村さんは、那覇市内にあるみやげ物店で、アクセサリー作家の作品を扱っている鍵石（キーストーン）へ出向いた。持参したトンボ玉3つを見せたら、半年位、店先に並べてみて、様子を見ましょうと言ってくれた。その後、そんなに急激に売れたわけではないものの、在庫は出なかったため、そのまま定期的に商品を委託で販売してもらえるようになった。

それ以外に営業はしなかった。というのも、インターネット上の、自身のホームページにアクセスしてくれた人たちからの注文で、十分に生計が成り立っていったからだ。

「オーダーは日本全国からいただいています。注文が多ければ、本当に一日中この部屋から出ないで作品づくりをしていることもあります」

上村さんのトンボ玉はコンスタントに注文が増えており、最近は忙しくて、なかなか海にも行けてなくて、と、嬉しい悲鳴をあげている。

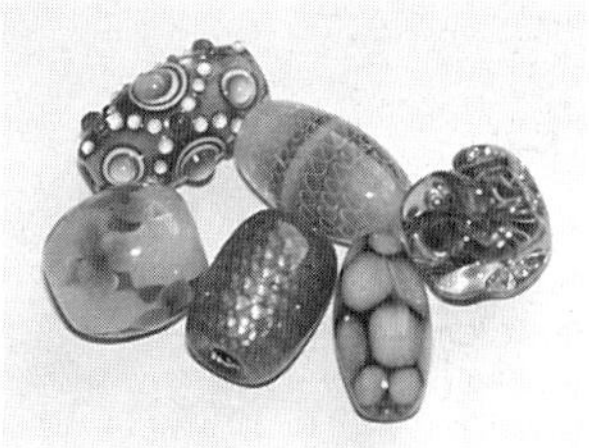

上村さんの作品は
http://w1.nirai.ne.jp/hk-sima/ で。

それでも気が向けば、外へ出る。釣りをしたり、海を見に出かけたりする。外食はほとんどしない。ゴーヤチャンプル、ナーベラー、ジューシーなど、行きつけの飲み屋で教えてもらった沖縄ならではの郷土料理も最近は自分で作る。

「余計な情報に踊らされることなく、自分のペースで仕事ができるのが小気味いいですよ」

仕事がしたいときは仕事に没頭する。海が見たいときに海を見る。食事をしたいときに食事をして、本が読みたいときに読む。友だちに会いたいときには出かけていき、とことん語らいを楽しむ。そのときの自分の行動を決定するのは「時間」ではなく、あくまで「自分の感覚」。時計ではなく、生活のリズムを自分自身で刻みながら、生きている。呼吸している。

「これこそがまさに、自分が望んでいた人間らしい暮らしだと思うな」

【取材を終えて】

上村さんは、自分の体内に〝時計〟をもって生きている人だった。それはできそうで、なかなかできない。その強さは元来、備わっていたものなのかそれとも沖縄の空気に触れることで、培われたものなのか。上村さんのサイトを見てほしい。上村さんのトンボ玉はキラキラしていて、とてもキュートだ。彼の優しさがにじみ出ている。そんな味わいがある。沖縄国際通りにある「鍵石（キーストーン）」でも販売されているので、近くに行かれたらぜひ。

第2の人生を
島で過ごしたくて、
定年後、
島へ移住

STORY 11

埼玉県越谷市
▼
種子島

南の島でグループハウスを作って老後も生きがいのある生活をするために種子島へ移住。

草木 勝弘さん（58歳）

●「自然学校を作る」それが長年の夢だった。

ＪＲ南越谷駅から10分ほど歩いたところにある、草木勝弘さん・二三子さん夫婦の自宅を訪れたのは２００１年10月頃だった。

「ここに30年近く住んでいました。この家を売って種子島へ行こうと思ってます」

駅まで車で迎えに来てくれた草木さんは、庭先の駐車場に車をとめ、木造２階建ての自宅を眺めながら、開口一番そう話してくれた。

長年、教育の現場で働いてきた草木さんには、大きな夢があった。それは「自然学校を自分の手で作りたい」ということだった。

「今はかなり教育改革で変わってきているけれど、僕らが第一線で働いているときは規制が多くて、野原で子どもたちを遊ばせたいと思っても、管理職の許可が必要だったりした。そういう

PROFILE
草木勝弘（くさきかつひろ）
1943年9月14日生まれ。北海道函館市出身。地元の定時制高校を経て、大学進学のため上京。卒業後は東京都の小学校教員となる。15年で退職、「日本作文の会」で全国小中学校の教員向け雑誌の編集発行の業務に携わる。4年で退職した後は都の産休補助教員として働いてきた。ここ数年は地域のパソコン教室や、学習塾で講師を勤めてきた。そして2002年2月、長年温めてきた夢を実現すべく、種子島の中種子町へ移住。グループハウス「やすらぎ苑」を設立した。家族構成：妻・二三子さん（58歳）（2人の子どもはすでに成人し、独立）

〃縛り〃の多さに辟易していた。あとは、やはり自然がないところで子どもを育てるのは難しい。本当の教育というものが実践できないと思っていたから」

ちょうど11年前、草木さんは腎臓病を患ったことがあった。手術を経験したことで「人生一度きり。どうせなら一生、自分のやりたいことをやり続けたい」という思いが以前にも増して強くなった。自分の思いを実現したい、そんな決意表明のつもりで『田舎暮らしの本』（宝島社）という雑誌へ次のようなことを書いて投稿した。

「廃校を利用して、子どもたちが夏休み、春休みに自然と親しめる〃学校〃を作りたい。どなたか廃校があったら、貸してほしい」と。

しばらくして雑誌を読んだという人から、いくつか連絡が入った。現地へ出向き、地元の人々を招いての説明会なども行った。しかし、どうも話はまとまらない。物件情報誌などを読んでは妻の二三子さんとふたりで現地へ土地を見に行く日々が2年続いたが、それでも「これだ！」という土地は見つからなかった。さすがに疲れた草木さん夫婦は、いったん「自然学校」を作ることをあきらめる。そして、茨城に別荘を購入した。老後は何も考えず、そこでのんびり暮らせばいいんじゃないかという発想に切り換えたわけだ。

ところが、どうもその場所が〃しっくり〃肌になじまない。自分たちで決断したことなのに、一方で納得していない〃自分たち〃がいる。確かに自然豊かでいいところだ。のんびりもできる。しかし、何か物足りない。一抹の寂しさを感じずにはいられなかった。

「私も、ずっと小学校の教員として勤めてきた人間なので、のんびり自然の中で暮らしたいという思いは強いものの、人となかなか会えないという環境にはどうしても抵抗感があったんです」と話してくれたのは妻の二三子さん。

「私たち夫婦は、どこに住むにしても必ず人と関わりが持てる環境でないとだめなんだ、とい

建設中のグループホーム。

うのが、そのときわかった。となるとその別荘で老後を過ごすのは到底無理だということになり、結局売り払うことにしたわけです」

田舎でのんびり暮らしたい。でも、ただ暮らすだけでは嫌なのだ。

何かしたい、のである。

人と関わりを持ちながら、生きていきたいのである。

草木さん夫婦は、そんな自分たちの思いをどうすれば形にできるのか。いつもふたりで話し合い、模索し続けていた。

●紆余曲折の末、〝漂着〟した先が種子島だった

「なかなか〝種子島〟が出てこないでしょ(笑)。ごめんなさいね、前置きが長くなっちゃって」と二三子さん。

「実は種子島がどこにあるのかも、私たち夫婦は1年前まで不確かで。いや、一回だけ屋久島・種子島ツアーで訪れたことはあったんだよ。でも、そのときは屋久島に夢中でね、種子島の印象はほとんどなかった。それが、これから移住して〝永の住処〟にしようというのだから、不思議です。いや、本当に縁というのは不思議だね」と草木さんが言葉を添える。

種子島よりも先に〝たどり着いた〟のはグループハウスという発想だった。

地域のコミュニティ施設で「横浜のグループハウスがワークショップを開催する」というチラシを二三子さんが、たまたま見つけたのがきっかけだった。

グループハウスとは、高齢者が一つ屋根の下に共に暮らし、お互いに補い合いながらも個人の生活やこだわりを尊重しながら日々の生活を送るための施設。高齢者が自分自身の生きかたにこ

上棟式には地元の人々も数多くかけつけてくれた。

だわりながらも、人との関わりや団欒の中で、将来に希望を持ちながら生活するという、新しい〝老後の暮らし方〟としてここ数年、各地でにわかに増えている。

「とはいえ、よくわからないですよね。なので、とにかく見てみようと主人とふたりで、そのワークショップへ出かけたの。そしたらいろんな人たちが、実にさまざまな形で、自分たちのグループハウスをやっていることがわかった。〝こういう生き方もあるんだなあ〟って気づかされましたね」

2人は実際に岩手にあるグループハウスをモデルに作られた映画『ホーム・スイートホーム』があることも知り、見に行ったりもした。

「気の合う仲間と一緒に、自然の中で暮らせたら、どんなに楽しいかなってね、話しているうちにどんどん、気持ちが〝グループハウス〟に傾斜していったわけです」（三三子さん）

「重なる時は重なるもので、偶然に、沖縄の鳩間島で、ある民宿が都会の不登校の子どもたちを受け入れているという、NHKのドキュメンタリー番組を見たんです。で、グループハウスを作れば、気の合う仲間だけじゃなくて、こういう不登校の子どもたちの受け入れも可能になってくるんじゃないか、と」。

そこで草木さんの脳裏に再び浮かんできたのが、長年描いてきた夢、〝自然学校〟だった。

「ちょうど、NHKで〝ちゅらさん〟もやってたから、やっぱりグループハウスを作るなら、南の島、そう沖縄がいいなあ、なんてね。(笑)」

そんな草木さん夫婦が「種子島もいいなあ」と思うようになったのは、長年の友人のアドバイスがきっかけだった。

「職場の同僚だった友人と一緒に飲みながら、実は南の島へ移住して、グループハウスを作ろうと思う。だから今年の夏、女房と一緒に宮古島、石垣島あたりへ土地を探しに行こうと思っ

やすらぎ苑の玄関先。

ているんだと話したわけです。そしたら、鹿児島出身の友人、田上一人さんが〝実は僕は種子島の出身なんだけど、沖縄より種子島の方が病気をしたときを考えるといいんじゃないか〟というわけです」

種子島は鹿児島空港から約40分、沖縄より断然本州に近い。

言われてみれば、60歳近くの人間がいきなり離島に移り住んで、一番困るのは病気になったときのことだった。

「確かに本土に近い島のほうが安心です。ならば、一度種子島へ行ってみるかとその友人と一緒に、向かったわけです」

それが2001年6月のこと。8泊9日かけての旅行だった。

●島の風土だけでなく、人々に惚れて移住を決意

先ほども触れたが、草木さん夫婦はかつて旅行で種子島を訪れたことはあった。しかし、そのとき、種子島の印象はほとんどなく、「同じときに訪れた屋久島の方が魅力的で、その自然の壮大さに圧倒されていた」という。

しかし、今回は実際に自分たちがこれから一生を暮らすかもしれない島だという気持ちで、種子島を隅から隅までレンタカーでまわった。改めて種子島を眺めてみると、これがなかなかいい。屋久島のように険しい山々があるわけではなく、むしろ高い山はなく、平坦な道が続く。ゆるやかな丘陵にはさとうきび畑が広がる。昔の日本の田舎を感じさせるような風景がそこにはあった。

「自然が豊かという面では申し分ないと思いました。でもね、自然以上に、人の〝豊かさ〟というか、そこに感動しましたね。都会の人間にとっては、信じられないくらい親切にしてもらっ

やすらぎ苑。ごくごく普通の家庭の雰囲気で作られている。

たんです」

たとえば、宿泊した民宿のおばさんに「今度、こちらへ移住しようと思う」と何気なく話す。すると、あの人に会ったらいいとか、あそこに聞けばわかるとどんどん教えてくれる。

とりわけ草木さんが感動したのは、西之表市役所の長吉さんだった。

「移住を考えていて、グループハウスを作りたいと相談したら、それから何かと気に掛けてくれまして、いったん越谷へ戻ってきてからも、物件や土地の情報が入ればすぐに連絡をくださったんです」

長吉さん、そして種子島の人々の心の温かさが、草木さん夫婦に種子島へ誘《いざな》ってくれた、まさにそんな感じだった。

●自分たちの思いを、手紙に託して

草木さんは越谷へ戻ってきてから、こんな手紙を長吉さんに出した。「種子島移住計画について」であった。

種子島には遅くても1、2年のうちに移住し、当面は地域の人々との交流を深める一方、地域のためになるボランティア活動を展開したいと考えています。具体的にはパソコンの個人指導や小学生の学習指導、子ども向けの習字教室及び大人向けの書道教室など、自分の特技を生かして方法で活動を行いたいと思います。

このような活動をする一方で、都会に暮らす友人・知人の仲間に対し、インターネットのホームページや電子メールを媒介にして、観光目的で訪れたときの宿舎として提供することや、

やすらぎ苑のダイニング。

都会の学校に通う子どもや若者が息苦しさを感じたときの受け入れ場所として利用できることを知らせていきたいと考えています。

また資金のメドが立ち次第、老後を種子島で暮らしたいと願っている仲間と共に同じ屋根の下で生活するための、グループハウスづくりを展開します。このグループハウスは、私たち夫婦にとって最大の目標であり、種子島移住の目的でもあります。自分たちの老後の生活は、子どもの世話にならず、自分の力や仲間の支援の下で行い、遠くの親戚より近くの他人といった感覚で互いの領分を侵さず、助け合って暮らしていきます。いざというときには互いの持っている知恵や知識、技能などの能力に応じて、フォローしあう関係を最大限の武器にして、人と人が自然と調和して暮らしていくハウスです。

（以下略）

この手紙を送ると、ほどなくして長吉さんから電話が入った。物件が見つかったという。すぐさま草木さん夫婦は種子島へ飛んでいく。

「350坪以上という広さはよかった。しかし、交通の便が悪すぎること、そして何より価格の折り合いがつかなくて断念しました。そしたら翌日、長吉さんがまた別の不動産会社まで連れていってくれて、そこでまた物件を紹介してもらったんです。港に近い場所で広さ350坪。部屋が8～9つある建物もあって、使えそうでね。しかも価格は1500万円。これはいい、ここにしようと決めたら、今度は売り主のほうが売り渋ってしまい……。なかなかうまくいかないモンだよね」

気持ちは勇んでいるのに、うまくいかない。長吉さんにここまでしてもらっているのに、決まらないのはもしかして種子島には縁がないのかもしれない。草木さん夫婦がそう思い始めていた

種子島の人々ともすっかり仲良くなった。

矢先、最後に立ち寄った不動産会社から、電話が入った。

「希望の西之表市ではなく、中種子町になるけれど、いいかと言われて、とにかくもう、行ってみるしかないと思い、見に行きました」。

これでダメだったら縁がなかったと思ってあきらめよう。そこまで思いながら、草木さん夫婦は2001年9月14日、種子島へ3たび出かけていく。

土地は170坪。希望は200坪以上だったのでやや狭いものの、診療所もスーパーもまあまあ近い。

「僕は120%もうここにしようって思った。女房は90%くらいかな（笑）。そしたら、その土地の持ち主がたまたま建設会社の社長さんだったんだけど、家をその会社に建てさせてくれるなら、坪1万5000円でいいと言ってくれたんです。また、この社長さんが親身になって僕らのことを考えてくれてね。ますます種子島に住みたいという思いが募っていきましたね」

埼玉へ戻ると、すぐに住んでいる家を売りに出した。この家が売れないことには、種子島へ移住できない。ところが9月中旬に出したにもかかわらず、9月末には買い手が決まった。

ここから先はもうとんとん拍子だ。11月5日に地鎮祭、12月15日には上棟式。3月末に引っ越す予定だったが、建物も急ピッチで完成してもらったため、翌年の2月4日にはもう、引っ越しできてしまった。

「その建設の社長さんとも意気投合して、一緒に種子島を盛り上げていくプロジェクトも結成したんです」

その名も「夢ランド種子島プロジェクト」。種子島の自然の恵みを最大限に生かし、なおかつ保全していくという立場をとりながら、事業を展開していこうというものだ。とはいっても、それほど急いているわけではない。移住してから、自分たちにできることを一つひとつ実現し

清流峡。草木さんと「夢ランド種子島プロジェクト」を組み、積極的な活動を展開しようとしている。

ていこう、そして、人生を楽しんでいこう。草木さん夫婦はそんなふうに考えている。

「移住して1~2年は、地域の人たちと仲良くなれるようにしたい。女房もボランティア活動をしたいと話してます」


【取材を終えて】


種子島へ出発される前、電話をした。「種子島へ来ることがあったら、ぜひ遊びに来てくださいね。これもまた一つのご縁なんだから」と草木さんがおっしゃってくれた。

何だろう、草木さん夫婦の言葉には、言葉以上の温もりが感じられる。ホッとほだされるような、そんな安らぎ感がある。春風のように優しい風がふわっと心をなでてくれる。

そのせいか、本当に遊びに行ってしまいそうな自分がいる。

草木さんはいう。

「種子島のことはすぐに気に入りました。実際に〝ここで暮らすのだ〟という視点で見つめてみたら、本当に種子島のいいところが次々飛び込んできた。まあ、一番大きかったのは、やはり〝人〟です。積極的に受け入れてくれているし、何とか移住できるよう、あれこれと手を尽くしてくれる。排他的ではないところが一番救われました。

南の島に住みたいというのは、確かに自然の素晴らしさに惹かれて、ですよ。

でも、自然がどんなに素晴らしくても、毎日、自然だけを眺めて暮らすことはできない。豊かな自然の中に居ながらにして、なおかつ人と関わりながら余生を送りたいと考えている私たち夫婦にとって、申し分ない住環境が種子島にはありました」

2002年2月4日、草木さん夫婦は埼玉県越谷市を後にし、種子島へ向かった。

海で遊ぶこともすっかり
「日常」となった。

その1カ月後、草木さん夫婦から「満足山通信」創刊号が届いた。

引っ越してから届いた手紙には、こんな一言が添えられていた。

「種子島は宝の島です」

やすらぎ苑の賛助会員も現在60名（平成14年6月現在）。草木さん夫婦の活動に賛同し、共に種子島で楽しく暮らそうと考えている人々や、ひきこもり、子どもの不登校で悩む人々からの問い合わせも、徐々に増えている。

満足山通信
種子島の生活をエンジョイしています！！
満足山通信
善意の鯉幟が泳ぐ
やすらぎ苑
「思いのままに・・・」
満足山通信
～そうめん流しオープン！！～清流峡
ホタルが飛び交う清流峡
ようやく植樹が終わりました

草木さん夫婦が発行している「満足山通信」。

プロジェクトを一緒に推進している中野夫婦と一緒に。

COLUMN

取材こぼれ話③

種子島な人々――
ジュントスの人々

種子島に「種子島ジュントス」というNPO法人がある。

過疎化、高齢化が進む島の現状に何とか歯止めをかけ、インターネットなどで情報を駆使しながら、種子島の活性化を図っていこうという〝島おこしの会〟である。2001年6月6日にNPO法人の認証を受けて、まだ1年目の組織だが積極的な活動を展開している。

前出の西之表市役所の長吉さんが、

「ジュントスは、まちづくりの推進やスポーツ・文化の振興などを中心に活動している団体でU・Iターン者の推進というか、種子島へのIターン希望者が、島で暮らせるように支援する活動にも力を入れているんです。せっかくだったら事務局のスタッフに会ってみたらどうですか?」と話してくれたので寄ってみたのだった。

いきなりの訪問にも関わらず、快く対応してくれたのは、事務局の竹内さんとジュントス会館館長の種子島秀洲さんだ。竹内さんも種子島さんも、つい最近まで本土で働いていたUターン組だった。だから、都会のよさも知っているし、種子島のよさもわかっている。

「種子島へ移住したいというIターン者は、確かに最近増えています。そういった人たちに何より大切なのは、仕事と住居の確保。でも、その支援

左から西之表市役所の長吉さん、ジュントスの館長種子島さんに事務局の竹内さん。

も行政の立場の人たちには限度がある。そこでジュントスが行政とも情報交換しながら、ハローワークと連携して、求人募集の情報収集したり、不動産会社とも連携して、保証人がなくても家が借りられるように支援したりしています」と竹内さん。種子島さんも、

「Iターン者には、目的意識の高い人たちが多い。そういう人たちが島で暮らせるようになったら、島だってもっと活性化していくはず。だからこそ情報をジュントスに集約し、ここにきたら、Iターン者の得たい情報が何でも得られるようにしていきたい」と言葉を添える。

ジュントスは、さまざまな専門分野で活躍する人々によって成り立っている組織。それだけに縦横のネットワークが実に幅広い。そういう意味でも自分がやりたい仕事を探すなら、相談窓口として活用したいところでもある。

さらにジュントスでは地元の人々とIターン者をつなぐ交流事業にも力を入れている。その一つが「おばちゃん・波乗りネットワークの推進」。地元のおばちゃんたちと、サーフィンのためにIターンしてきた若い人たちとの交流機会を作っていくものだ。その他、ポルトガルへサッカー少年を派遣する事業、地域マネーの研究実施、お墓の管理事業、特産品開発事業など、島の活性化につながると思われるものであれば、すぐに事業化していく方針だ。

ちなみにジュントスとはポルトガル語で「一緒に」「協力しあって」の意味。「種子島は鉄砲など、常に異文化を受け入れてきたという文化がある。だから、よそから来た人も、なんのこだわりもなく受け入れられるし、いいなと思うことは何でも〝事業〟としてやれる。そういう風土があるんです」(竹内さん)

種子島らしい気風が兼ね備わっているジュントスの人々。Iターン希望者にとっては非常に心強い味方だ。

URLはhttp://www6.ocn.ne.jp/~juntos/

第2章

南の島で仕事を獲得する方法

島へ移住する場合、何よりまず考えなければならないのは、
生活していくための「仕事」をいかに見つけるか、だ。
定年後、年金やそれまでの貯蓄で悠々自適な生活を送る人であれば、
問題はないが、これからまだ「生活をしていかなければならない」
「家族を養っていかなければならない」という人にとって、
「仕事を確保すること」は切実な課題である。
しかも、沖縄県の失業率が日本一であるように、
離島で仕事を獲得することは非常に厳しい状況にある。
とはいえ、決してあきらめる必要はない。
南の島で仕事を獲得する方法を、いくつかの例を紹介しよう。

1　どんな仕事が多いのか？

医療・福祉系、土木関係の求人は多く、ホワイトカラーの求人は想像以上に少ない

「離島が過疎化していったのは、言うまでもなく仕事がないからです。なのにIターンしてきた人間がすぐに仕事を見つけられるはずはない。ある程度、覚悟は必要だと思いますね」と話してくれたのは、前出の霜触さん（奄美大島在住）だ。

「Iターン者が島で就職先を探すのは難しい。実際、1年も経たないうちに、暮らしていくことが難しくなって、本土へ戻っていく家族も何組かいた」と教えてくれたのは、やはり奄美大島へ移住した、とある夫婦。

ちなみに、厚生労働省の調べによると、平成13年度における全国の完全失業率は約5％。ところが、沖縄県の完全失業率は8・4％にもおよぶ。この数字を見ただけでも都会に比べて、いかに離島の方が厳しい状況かが浮かび上がってくる。

とはいえ、第1章に登場された方たちはどの人も何かしらの仕事を得ているし、その収入をもとに生計を立てている。決して求人募集がないわけではないのだ。

ではまず、南の島にはどんな仕事が多いのか、島へ移住した人々はどんな仕事に就いているのかを紹介しよう。

●看護師、医師、歯科医師などの需要は大

各離島の求人情報やハローワークの求人募集などを見てみると、目につくのは医師や看護師、歯科医師といった医療系の専門職。今回、訪れた島々には大きな病院もあるのだが、さらに南の、小さな離島などへ行くと「島内には医師の常駐なし」「島内1カ所の診療所に看護師1名、医師の常駐なし」といったところが多くなる。そのため、こうした医療系の専門職のニーズは高い。とりわけ圧倒的に求人募集が多いのは看護師だ。それだけ不足しているということでもある。

沖縄本島近くの慶良間諸島に座間味島という島があるが、そこには数年前まで歯科医院がなかった。ところがＩターンで移住してくる方が歯科医師の免許を持っていたため、島ですんなり開業でき、今では島内になくてはならない存在となっている。

屋久島へ移住された、前出の井上さんも獣医師の資格を持っていたため、自身で開業するまでの数年間、病気で入院してしまった屋久町職員の獣医師の代わりに、臨時職員として働いている。

医療系ではその他、薬剤師もコンスタントに募集が見られる。いずれにしても看護師、医師、歯科医師、薬剤師といった医療系の仕事は、他の職種に比べて給与も高めに設定されている場合が多いので、資格を持っている人はぜひ活用したい。また、歯科衛生士の需要も比較的高い。資格がない場合は歯科助手として採用されることになると思うが、その場合は雇用形態がパートとなるケースも多い。

●ホームヘルパー、介護福祉士など福祉系の資格もニーズ高し！

一般的に資格を持っている人は転職に強いと言われるが、とりわけ離島に関してはその通説が当てはまることが多い。医療系に続き、需要があるのはホームヘルパーや介護福祉士、理学療法士、作業療法士など福祉系の資格取得者

である。サーフィンが好きで種子島へ移住したある女性は、仕事を確保するために、島へ移住する前、あん摩・マッサージ師の国家資格を取得後、移住した。その資格を活かして、島内の病院へ就職しようとした。当初は空きがなかったものの、欠員が出来たと同時にその病院へ就職することができた。資格があれば、すぐに就職できるとは限らないが、欠員補充のチャンスを見逃さず就職できれば、その後は安定して働き続けることはできる。

したがって、こうした福祉系の仕事に就いている人で、島への移住を考えているのであれば、自分の経験を資格で証明できるようにしておいた方がいいだろう。特に知り合いや友人がいない島へ移住する場合、資格そのものが大きな信用となり、武器になってくる。

●意外に多いのが土木・建築関連の求人募集

離島では土木施工管理技士、建築施工管理技士、配管技能士、電気工事士など、土木・建築関連の求人募集もわりと目立つ。まだまだ住宅や水道設備などインフラが整備されていない島も多く、こうした現場の仕事での求人募集がコンスタントに見受けられる。後頁で登場する、埼玉県から宮古島へ移住した西尾公利さんも、仕事が決定するまで、土木関連の現場のアルバイトを続けていたという。彼だけでなく、ゼロから島へ移住した人にはそうやって収入を確保しているケースも多い。

余談になるが、どの職種の募集に際しても必須と書かれている資格が1種普通免許。たとえば、経理事務員の募集だったとしても、1種普通免許が必要となる。というのも、島の場合、電車といった交通機関がなく、路線バスはあるものの、1時間に1本、あるいは2~3時間に1本といった本数しか走っていないため。通勤手段は車しかないからだ。

●観光地ならみやげものショップなどの店員、求人もある

沖縄本島や屋久島のように、観光客の多い島には、みやげものショップやレストラン、喫茶店も多いため、販売員やウエイター、ウエイトレスといった求人も多く見られる。ただし、シーズン限定のパート&アルバイトといった雇用がほとんど。

サーフィンやダイビングが好きで移住してくる若い人たちに人気のあるのがサーフショップ、ダイビングショップのスタッフ職だが、これらのショップの場合、個人オーナーが経営する場合も多く、求人件数はさほど多くはない。

ダイビングインストラクターの資格があれば、どこかのダイビングショップでスタッフとして働けると思っている人も多いかもしれないが、シーズン中以外の雇用は厳しい。どうしてもインストラクターとして働きたいのであれば、電話帳やインターネットなどでショップを検索し、自分で一つひとつあたっていくのが得策だ。

観光地の場合、リゾートホテルなども多いため、ホテルスタッフ、調理師の需要も高い。

また、都会に比べて求人が圧倒的に少ないのがホワイトカラー系の仕事。経理や一般事務、営業事務などの求人は極めて少ない。

種子島へ移住した藤村さんが、職安の人に「製薬会社のMR（製薬会社の営業職のこと）なんていう仕事は、島にはないですよ」と言われたように、都会では当たり前にある職種でも、島では成立しない仕事も多い。したがって、島で仕事を探すのであれば、前職にあまり固執しないほうがいいだろう。食べていくのに必要な収入が得られる仕事を探す、ぐらいの気持ちでスタートしよう。その方が断然、現実的だ。

●公務員になるのも一つの方法

民間企業への就職が厳しいと思ったら、公務員試験を受けるというのも方法だ。

公務員なら給料や休日といった待遇面でも保障されているし、解雇される心配もない。各島の市町村役場では、欠員が出ると臨時職員を募集したりもするので、常にアンテナを張っていたいところ。職員募集の告知は、各行政のホームページで随時チェックするか、直接、各市町村役場の人に「職員を募集することがあったら教えてほしい」と頼んでおくのがいいだろう。行政が発行する「広報」などに掲載されることもあるので、移住する島に知り合いがいるのであれば、そういった「広報」誌もチェックしておきたいところだ。

2　南の島で働く上で、心がけておきたいこと

大都市に比べると月給は格段に低くなる。島時間といって〝時間の流れ方〟も違う

●都心の月収の3分の1になってもいい！　ぐらいの覚悟は必要

就職できたとしても、本土、特に東京などの大都市と比べると給与は格段に低くなる。東京の月収の3分の1から6分の1くらいに下がると覚悟しておいたほうがいいだろう。

実際、沖縄本島で就職した上村さんや浦さんなどの話をうかがっても「SEで月収20万円なら、高収入のほう」とのことだった。小さな離島になればなるほど、給与はさらにシビアになり、宮古島などでは正社員でも月給12～15万円で、アルバイトだと時給600～700円といったところが相場だ。

とはいえ、その分家賃がタダ～5、6万円とかなり安く、野菜なども近所の方からわけてもらったり、もしくは家庭菜園で十分間に合うといった具合に、生活費そのものが都会に比べると格段に低くなる。都会で暮らすほど、お金を使うこともないわけだ。

事実、今回取材した人々の多くは「お金を使うことが少ないので、月収が少なくてもそんなに心配はしていない。自分たちが暮らしていけるくらい、もらえればいい」と話してくれていた。

「お金を稼ぎたい」と思う人にとっては島での生活は厳しい。反対に、お金がなければ、ないなりに暮らしていける、それが島の生活、と思える人であれば、収入が減っても十分に暮らしていける。

●島時間に慣れよう！

離島で働き始めた人たちがまず驚くのが「島時間」。時間の流れ方がゆっくりしているのは、島ならではの良さでもあるのだが、人の動きも同時にゆったりしている。本土から移住してきた人の中には島の時間感覚になかなか慣れることができず、それにイライラしてしまう場合も多い。

たとえば、約束の時間になっても来ない、ガスや電気工事をお願いしても約束の日に来てくれない、などといったことも日常的なできごとだったりする。ビジネスにおいてもしかり。頼んでおいた書類が全然、あがってこなかったり、たとえ、その書類提出の締め切りが1カ月以上過ぎていても、詫びる様子もなかったり。本土では考えられないほど、時間厳守とか、締め切りといった感覚がないのである。

しかし、それこそが「島時間」。郷に入れば郷にしたがえという、ことわざに習って、移住者自身が、この感覚を早く身につけた方がいい。そうしないと、せっかく島へ移住したのに、職場へ出かけるたびにイライラし、ストレスをためてしまうことになりそうだ。

●いくつかの仕事を兼務するのも一つの働き方

さとうきび畑の収穫や、マンゴー農園のビニール張りといった、季節の農作業をアルバイトとして手伝いながら、空いている時間は喫茶店やみやげもの店で働く、といった移住者も比較的多い。一つの仕事にこだわらず、空いている時間をうまく活用しながら、いくつかの仕事を掛け持ちするのも、収入を得る方法。離島では比較的ポピュラーな働き方の一つである。

埼玉県から宮古島へ移住した西尾公利さんは以前、東京でSEとして働いていた。現在は、宮古島の特産物を販売するインターネットショップ『宮古島オンラインショップ』を主宰しているが、それだけの収入では厳しいため、その傍ら、近くにある某農業大学の農業試験場で、水質検査のアルバイトをしている。月曜から金曜日の朝9時から夕方5時までがその試験場でのアルバイト。自宅から車で10分ほどの距離のため、昼間は自宅に戻り、サイトで受注状況をチェック。受注を確認した上で、地元の特産品など商品を仕入れるわけだが、その仕入れ作業は妻の尚美さんの仕事。買い物のついでに町へ出た際、仕入れてくる。そして夜は2人で注文のあった商品の発送作業を行う。

「2つも仕事を兼ねていると、かなり忙しくしている感じに見えるかもしれないですが、でも、東京でSEとして働いていたころに比べると、まだまだ時間的には余裕があるので楽なんです」とのこと。

宮古島ではこれまでにも、電気工事やマンゴー農園の農作業、喫茶店のウェイター、HP制作といった具合に、実にさまざまな仕事を体験してきた。中には2~3、兼ねている時期もあった。しかし、それでもやはり時間的余裕はあったそうだ。

「ゆったりしているし、何といっても移動時間が短いんです。仕入れのために出かけても、車で20~30分のところばかりです。なので、東京で働いていたときのように、通勤に1時間とか、そういう時間がない分、余裕があるんでしょうね。朝も仕事前に犬の散歩をしているくらいですから」

宮古島オンラインショップのURLはhttp://www.miyako-island.com

城辺町にある新城海岸。

3 仕事の探し方

現地では地元の求人情報誌や、ハローワークをのぞいてみよう！

●移住前に自治体のホームページで求人情報をチェックしよう

自分が移住したいと思っている島には、どの程度の求人があるのか、どんな職種が多いのか。それらを事前に把握しておくため、役立つのはやはりインターネット。今は各地のハローワークもサイトを持っているところが多く、そこから求人募集が検索できるようにもなっている。

地方の求人情報を入手する方法として、離島の情報だけではないが、『Uターン・Iターンビーイング』（株）リクルート発行）といった情報誌なども活用できる。ちなみに沖縄は失業率が全国一にもかかわらず、就職情報誌の種類が非常に多い。なので、その中からいくつか自分に合った求人誌をピックアップし、定期購読しておくといいだろう。また、各島の地方紙を取り寄せ、求人欄をチェックするのも手だ。

宮古島や石垣島など、沖縄本島から離れた島々の求人情報は、沖縄タイムスの月曜朝刊別刷りの求人特集や、宮古新報、宮古毎日新聞といった地方紙の求人欄でチェックしてみよう。

もっと、具体的な情報を入手したいと思ったら、後ページでも紹介するが、日本離島センターが国土交通省との共催で年に1回開催する島の総合交流イベント「アイランダー」へ足を運んでみよう。また、首都圏や各都市では、U・Iターンフェアなども随時開催されているので、そういった機会なども活用するといいだろう。たとえば、奄美大島へ移住した鈴木さんも、事前にこうした離島関係フェアに参加し、そこで奄美群島広域事務組合の方と知り合っていたため、現地での住まい探し、仕事探しがスムーズに進んだ。移住を考えている島に知り合いがいない場合、こうしたフェアで地元の行政の人々と知り合っておくだけでも、随分心強さが違うはず。ぜひ活用したいところだ。

●現地ではとにかくまずハローワークへ

島へ到着したら、とにかくまず各地区にあるハローワークをまわってみよう。現地のリアルな情報が確実に入手できるはず。

奄美大島にある「ハローワークなぜ」(名瀬職業安定所)では毎月2回、「求人情報あまみ」を発行している。これは、同ハローワークでコンピュータ検索もできるが、場合によっては郵送サービスもしてもらえる。なので、何回か通って、ゆっくり決めたいと思っている人であれば、Iターン希望の旨を告げて、しばらく郵送してもらうのも方法だ。(TEL0997・52・4611)

種子島・屋久島地区の求人情報誌としては、「求人情報くまげ」という冊子がハローワーク熊毛より発行されている。遠方に住んでいる人でIターンを希望する人にはやはり郵送してくれる。こちらの場合は返信用封筒(80円切手貼付)を送付しておく必要がある。ここで公開する情報は現地のハローワークや種子島・屋久島の各市町村役場でも閲覧できるようになっている。詳しい内容に関してはハローワークへ問い合わせてみよう。

●Iターン者はこんな仕事に就いている

今回、取り上げた離島も含め、各離島へ移住した人々が、実際にどんな仕事に就いているかまとめてみた。各島の特色も出ているので、参考にしてほしい。

☆種子島

種子島は5年ほど前からサーフィンのメッカとして注目をされはじめ、それを機に移住してくる若い人たちが急増中だ。彼らにとってはサーフィンが主な目的のため、仕事はアルバイト雇用が中心。大阪から移住してきたある女性は、スナックで働き、月に15～18万円の収入を得ている。その大半は大会の遠征費用に充てているため、3万円の家賃以外は極力切り詰めている。

他のサーファーたちはパチンコ店や居酒屋の店員、トラックの運転手、牛の乳搾りなどで生計を立てている。中には自身でサーフショップを開業している人もいる。

☆屋久島

ここ数年、非常にIターン者が増えている島の一つ。世界遺産に指定されて以来、屋久島観光ガイドの仕事に就きたくて、移住してくる人も多いそうだ。作家など文化人も多く移住してきている。また若い人たちには漁業をやりたいと言ってくる人も多い。屋久島の場合、「屋久島に住みたい」だけでなく、「屋久島でこんな仕事がしたい」と思う人も多いようだ。

☆沖縄・慶良間諸島（座間味村）

ダイビングで有名な島だけに、やはりダイバーが移住してくるケースが多い。特に本島から近いせいか女性が多く、そのままダイビングショップで働いたり、はたまた島の男性と結婚してそのまま居ついてしまうケースも多い。島に3軒、居酒屋があるのだが、その中の一つは、Iターンの夫婦が切りもりしている。

☆トカラ列島

ここ2～3年で5～6組の移住者を受け入れている。漁業や畜産業に就いている人もいる。福岡からのIターン

（30歳前後）の男性は、島の工事関連の仕事に就いている。将来的には畜産業を営みたいとの希望だ。

トカラ列島に小宝島という島があるが、そこに関東からのIターン者が塩づくりをはじめた人がいる。現在は「小宝の塩」ブランドを確立し、島の活性化にも一役買っている。

☆甑島

定置網のきびなご漁、一本釣りなど漁業が盛んなこの島では、数年前に漁業に就きたいIターン者を募集したところ、約2年にわたって約50名の人が体験に来た。そのときに採用となった約10名が今もなお、漁業に従事している。ただし、ここ2～3年は不漁が続いているため、新たな募集は現在のところ行っていないようだ。

☆徳之島

Iターン者で農業（さとうきび、じゃがいも、花など）に従事している人もいる。ただし、農業だけで食べていけているのはまだ3名ほど。農業を営みながら、土木関連の仕事と兼業している人もいる。

☆渡嘉敷島

ダイビングを目的に移住してくる人が多いため、短期の海関連のアルバイトで収入をつないでいる。ダイバーで漁師になった人、夫婦で農業を始めた人たちもいる。

☆小笠原諸島

この島もIターン者が非常に多い。しかも手つかずの自然に魅力を感じて移住する人がほとんどのため、漁師、塩づくり、ホエールウォッチングのガイド、シーカヤックのインストラクターなど自然相手の仕事に就くケースが多い。

COLUMN

私たちの仕事獲得法

自分たちにできることを探し、そして自ら仕事を作り出した！

奄美大島へ移住した **和田善浩**さん（37歳）・**克子**さん（29歳）の場合

和田さんご夫婦は大阪府出身。たまたま小笠原で出会い、島暮らしを実現するために奄美へ移住。同時に籍を入れた。

住まいは新しくできたばかりの市営住宅へ入居できることになったものの、問題は仕事だった。克子さんは地元の新聞の求人欄をいくつかチェックしていたところ、水族館の受付募集を見つけた。

「でも、年齢が25歳までだったんです。そのときで私もう、27歳だったから、どうしよう？ってちょっと悩んだのですが、とにかく面接だけでも頼んでみようと思い、電話をしたら、すんなり面接がOKになり、採用してもらえた。しかも、最初は委託だったんだけれど、途中から契約社員に昇格でき、最初は受付業務だったのですが仕事も経理業務に途中から異動になったんです。少々の年齢制限など関係なく、いいなと思ったら問い合わせ

▲和田善浩さんと克子さん。自宅から根瀬部の海岸まで歩いて5分ほど。▶海老の養殖業は面白いものの、時期によってムラがあるのがツライという。

てみる。それは、都会であっても島であっても同じことだと思います」（克子さん）。

一方、善浩さんは自宅から歩いて10分足らずのところにある、入来水産という、車海老の養殖業者で働いている。朝5時半に出社し、まず前日に仕掛けておいたカゴで海老を引き上げる。8時から出荷・選別の作業を行い、午前の仕事は12時で終了。いったん自宅に戻り、夕方、日没前に生け簀に餌をまき、明朝のためのカゴを仕掛ける。移住してきて仕事を探している合間に「暇だったら手伝ってくれ」と言われ、手伝っていたら、毎日手伝ってほしいと言われいつしか同社の常駐スタッフとなっていた。

「2人で働いていたときは、合算して月々の収入が30万円。そのうち互いに6万円ずつ出し合って、計12万円を生活費に充ててました。外食は一切してないですね。余裕がちょっと出来たときに、食器棚や除湿器などを購入したり。十分やっていける収入でした。ただ、僕自身がもう少し稼げるようにならないとな」。

というのも養殖の仕事は時期によってムラがあり、4月から6月は収入がほぼゼロの状態。7月からは忙しくなるものの、3カ月間収入なしはかなりつらかったという。「定期的に職安へ行き、仕事探しをしているのですが、これだ！という仕事はない。3カ月だけという短期アルバイトも皆無です。」

いろいろと悩み、和田さんは一念発起して奄美産フルーツのインターネット通販を行うサイトを立ち上げた。「まだ売上はほとんどないですが、少しずつでも伸びてくれればと思っています」。確かに仕事の状況は想像以上に厳しい。それでも。

「本土で仕事を待っていてもしかたない。とにかく、島で暮らしたいなら、まずこちらへ来てみてアルバイトでも何でもいいから必死に探す。なければ自分で仕事を作る。それぐらいの気持ちがないと難しいですね。」（善浩さん）

和田さんが始めたサイト「フルーツの里あまみ」のURLは、http://www4.synapse.ne.jp/frusatoamami/

4　手に職があれば、離島でも仕事できる

インターネットを駆使するＷＥＢ系なら
日本全国どこでも自分の好きな仕事が実現できる

●ＳＯＨＯ事業者なら納品はすべてネットでＯＫ

総務省が発表した「情報通信白書」（平成13年版）によると、平成12年度末における日本のインターネット利用者数は４７０８万人で、前年比74％増となっている。このままいくと平成17年には、８７２０万人まで増加するとの見込みだ。

現段階で国民の半数がインターネットを使っており、平成17年度には約7割以上の国民が利用することになるというわけだ。ということは、インターネットを使う仕事であれば、全国各地どこででも仕事は十分可能である。実際、島へ移住した人々の中にも、インターネットを駆使して、自分のやりたい仕事をやっている人たちもどんどん増えていた。

インターネットを使って、自宅でできる仕事と言えば、イラストレーター、ＳＥの他にもライター、入力オペレーター、ホームページ制作、ＤＴＯ編集、翻訳、ＣＡＤオペレーターといった職種も挙げられる。求人情報に頼るのではなく、自分で業を起こし、自宅で始めるというのも島で生きていくための有効な手段といえる。

ここでは種子島でイラストレーターとして独立した林崎さんと、沖縄本島でＷＥＢ系の会社を起業し、自身の事務所を持って働いている天間さんのケースを紹介しよう。

受注・納品はすべてインターネットで。納品先は種子島、東京、大阪、そしてNY！

林崎　俊介さん（34歳）

――簡単にまず、移住の経緯から教えていただけますか？

林崎　前職は大阪にある輸入レコードチェーン店の店長。ここには8年間勤めてました。店長になり、しばらくして東京転勤の話が少しずつ出始めていたんです。本社が東京にある会社だったので。で、いつかは東京へ転勤になることが何となくわかっていました。でも、それが私たち夫婦はとても嫌だった。東京で暮らすのは子どもの教育を考えても絶対に嫌だったんです。いつも嫁と「いつか自然の優しさ厳しさの中で暮らせたら」と話してたので、じゃあ、長女が小学校へ入る前にどこか田舎へ移住しようかとなって。

――大阪でイラストレーターをされていたわけではないんですか。

林崎　いや、違うんです。ただ、もともと絵を描くのは好きでした。それで、これが仕事になればいいなと思い、移住する少し前から徐々に描き始めてはいたんです。練習のつもりで、しばらくしてイラストを描きたいとまわりに言うと、知り合いのＤＪやクラブの人たちがチラシを頼んでくれたりするようになったんです。本当に小さな仕事だったのでもちろん、それですぐに生計が立てられるとは思っていなかったのですが、でも、そうやって頼まれることが自信の積み重ねにはなりました。

PROFILE
林崎俊介（はやしざきしゅんすけ）
1967年４月27日生まれ。岩手県盛岡市出身。東京のデザイン専門学校卒業後、画材販売会社へ就職。２年間働いて退職し、バリ島でしばらく暮らす。帰国後結婚し、奈良に住まいを構えながら、大阪の輸入レコードチェーン店で働いていた。長女が幼稚園に通うようになってから、「自然の中で暮らしたい」と真剣に考えるようになり、種子島へ移住。
家族構成：妻・協子さん（36歳）、長女・あいりいちゃん（６歳）、次女・のあちゃん（２歳）

時々、HPを作ったりもしてました。で、ある日、お店のお客さんが、あるラジオ局主催のイラストコンテストがあるから応募してみたらどうかと勧めてくれたんです。それでダメ元でもいいから、出してみようと思って出しました。賞が取れたら、すごい自信につながると思ったからです。

——新天地、種子島でいきなりイラストレーターデビューというわけですね。その道のりを教えていただけますか?

林崎　種子島への移住の話を具体的に進めていた矢先、先ほどのコンテストに入賞したという連絡が入ったんです。これでかなり自信が持てました。もしかしてイラストレーターでやっていけるんじゃないか、と。

それで、今度は奈良にいる間に、「実際問題として、インターネットでどこまで仕事ができるのか」というのを試しておこうと思い、ある仕事の依頼があったとき、最初の打ち合わせだけ、先方と会い、後のやりとりはすべてインターネット、ファックス、そして電話ですませるという仕事のしかたで納品まで進めてみたんです、故意に。

そうしたら物理的には十分可能なことがわかった。「なんだ、できるじゃん」と思いました。インターネットですべてやれるんだったら、あとはコネクションを島で見つけるだけ。無名なわけですし、どうやって営業して仕事の受注先を見つけるかは切実な課題でした。それでも島にだって印刷会社はあるだろうし、イラストを描いているといえば、何らかの形で仕事がくるんじゃないかと、けっこう楽観的に考えられるようになっていました。

——で、実際に移住されてから、仕事はどんなふうに入ってきているんですか?

林崎　大阪にある、イラストレーターのマネジメントオフィスに登録したり、まわりの

林崎さんのサイトのURLは、
http://www.studio-murasaki.com

知り合いにも声をかけまくりました。それで何とかいつか仕事はやってくるだろうと期待していました。作品などを紹介するホームページもアップさせていたので、それをみてくれた方々から依頼もくるだろうと、これまたかなり楽観的に考えていました。家族を養う収入を得るため、最初は他の仕事をしたいとも思ったんですが、片手間にすると、せっかく受注した仕事もきちんとできなくなる。それが嫌だったのでグーッと我慢してひたすらイラストの受注を待ちました（笑）。そうしたら、昨年の春くらいから大阪の知り合いからレギュラーの仕事が入ったんです。種子島でもサムズの藤村さんなどと知り合って、種子島のステッカーのデザインを任されるようになり、徐々に仕事は安定し、受注できるようになっていきました。それと、レゲエのCDジャケットと、その宣伝広告のためのフリーペーパーのイラストを描いたところ、そのフリーペーパーがニューヨークのタワーレコードに置かれるようになって、それを見た現地のレゲエCD配給会社の人がその年のポスターは、このイラストレーターにお願いしたいと言って下さって、イラストの依頼がきたんです。種子島にいても、大阪をはじめ、東京、NYなど実にさまざまな拠点の仕事ができる。イラストレーターはインターネットをうまく活用すれば、場所などまったく関係なくやれる仕事だと、しみじみ思います。

●林崎さんに学ぶサクセスポイント

・実際に種子島へ移住してからイラストレーションの仕事ができるかどうか、事前にシミュレーションをしていた。

・まわりに自分が種子島へ移住し、イラストレーターをやっていきたいということを話すなど、早い段階から営業活動を行っていた。

・賞に応募するなど、移住する前に自分の実力がどんなものか試し、自分にイラストレーターとしての自信を持たせる努力をしていた。

自宅兼アトリエの一戸建。

CASE2

決して無理はしたくないから、自宅の一室でネットビジネスの新会社を設立

天間　正之さん（34歳）

システムエンジニア●ドリームオンデジタル代表

――まずは移住の経緯から教えてください。

天間　大学を卒業して、コンピュータがどんな世界か知りたくて大手町にあるソフトウェア会社へ入社し、8年間、SEとして働きました。仕事は主に官公庁のシステム開発。SEとしてシステムを作り上げていく感覚は好きでした。それが公の場で役立つわけですからね。でも、進行中の仕事があるにも関わらず、次の部署へ異動してくれと言われたり、自分の意志や思いに関係なく、組織は勝手に動いていく。それがどうしても肌に合わなかった。それと、通勤地獄からも解放されたかったです。だから独立したいと思っていました。仕事量は増えるかもしれないけれど、でも自分のペースで働ける。で、せっかく独立するなら通勤ラッシュのない、田舎がいいなと思ってました。

――沖縄へ移住するきっかけとなったのは何だったんですか？

天間　ダイビングです（笑）。沖縄でダイビングをするようになり、魅了されました。何度か通ううちに、海の美しさだけでなく地元の人たちの開放的でのんびりした気風にも惹かれるようにもなりました。

――で、移住してすぐに独立されたんですか？

PROFILE
天間正之（てんままさゆき）
1967年２月３日生まれ。北海道帯広市生まれ。八戸大学工学部卒業後、新卒で東京の大手ソフトウェア会社にＳＥとして就職。官公庁のシステム開発に携わっていた。友だちに誘われ、ダイビングを始めたの機にすっかり沖縄の虜に。30歳のとき、沖縄に移住。那覇市内にあるコンピュータ関連企業のエンジニアとして転職。32歳で自宅を事務所にしてドリームオンデジタルを開業。翌年、地元で知り合った女性と結婚。現在は東京の人脈を活かして、ネットビジネス関連のシステム開発を請け負っている。家族構成：妻・祐子さん（32歳）、長女・千夏ちゃん（１歳）

天間　いや、いきなりは難しいと思ったので、まずは那覇市内にあるコンピュータ関連の会社へ入りました。2年くらいいたかな。でも、次第に忙しさが増して、好きなダイビングができなくなってきてしまった（笑）。そろそろ自分の裁量で仕事のできる環境を作りたいと思い、それで独立に踏み切りました。

――自宅で開業されたのですか。

天間　はい。大きなリスクは背負えないですから、自宅を事務所にしてネットワークビジネスを開始しました。これまた偶然なのですが、沖縄で知り合った人で、東京に人脈の広い人がいて、東京のシステム開発の仕事を一部、沖縄に持ってきてくれたんです。それ以降、コンスタントに東京から仕事が入ってくるようになりました。沖縄県内だと〝ソフト〟にお金を払うという感覚がまだまだ根づいていないんです、実は。そのうち変わってくるとは思うのですが、当面はソフトをビジネスとしてとらえてくれる東京のクライアントからの仕事が中心にはなると思いますね。

――現在はどんな感じですか？

天間　起業から約3年経って、仕事も安定して入ってくるようになりました。クライアントは依然として東京が中心です。沖縄で暮らしているのだから、いつかは沖縄に貢献できる仕事が何かできたらいいなと思っているんですが。

――失敗したらどうしようと悩んだことはないですか？

天間　沖縄に〝なんくるないさあ〟という言葉があるんです。「まあ、何とかなるよ」という意味なのですが、そういう県民気質があって、いつの間にか自分にもそういう部分が育っているような気がします。だからもし、独立してダメだったとしたら、どこかに入ってやっていけばいいし、と気軽に考えられるんです。

とはいえ、何とか業績は順調に伸びているので、２００１年11月に自宅と事務所を切り離し、会社としての事務所を構えました。スタッフも2名。今はワンルーム14畳の事務所を広々とスタッフ3人で使っています。

●天間さんのサクセスポイント

・前職のＳＥの経験を活かしての独立だった。
・借金などをしないで、自宅での開業からスタートした。
・沖縄で築いた、東京のネットワークをうまく活用した。

5　農業・漁業に就く方法

新規就農支援対策、漁業後継者育成事業を活用するのも手だが、何より大切なのは自助努力

●新規就農は軌道に乗せるまでが大変

奄美大島の名瀬市役所では、移住希望者にどんな仕事に就きたいか、尋ねることにしている。すると、その約7～8割が第1次産業希望者なのだそうだ。

「本土では営業職でノルマが大変だった、あるいは一日中コンピュータの前に座ってプログラミングをしていた。だからせっかく島暮らしをするなら、今までとは180度異なる仕事、つまり土と戯れ、海と戯れられる農業・漁業がいい、そんな20～30代の人が増えています」を語るのは同市役所企画調整課花井恒三さん。

こうしたIターン者のニーズに応えると同時に、島の産業の活性化を図るため、名瀬市では積極的に支援事業を展開している。

まず新規就農を考えている人を支援するために実施しているのが「新規就農支援対策」。農業後継者を育成するため、選考された研修生に対して1年間の技術・経営研修を行うというもの。しかも、研修手当として日給5000円、奨学金として月々1万円がそれぞれ支給されるシステムになっている。

研修生が実際に新規就農する場合は、200万円を限度として新規就農者育成資金の貸し付けが受けられる。さらにサポート事業として、鉄骨ハウスの無料貸付（研修終了後1年間）、堆肥の無償提供（4カ月）、農業機械リース料

免除（最大6時間）といった貸付も利用できる。農地に関しても、1反6000円で借りられることになっている。

漁業に関しては、「漁業後継者育成事業」を展開。漁業に従事しようとする人に対して、育成資金として月5万円を支給している。

名瀬市以外でも、こうした新規就農支援対策事業、漁業後継者育成事業を展開している島の市町村がいくつかある。ただ、こうした支援対策事業は期限が設けられていることからわかるように、あくまで初期段階での支援策でしかない。ところが農業は軌道に乗るまでには少なくとも3～5年はかかる。したがって、農業を始めるのであれば、こうした支援を受けつつも、3～5年間は食べていけるだけの蓄えも必要だ。

ちなみに、南の島の農業は、野菜（さとうきび、メロン、インゲン、キュウリなど）、花卉《き》（スターチス、フリージア、グラジオラスなど）、果樹（タンカン、マンゴー、スモモなど）などが中心となる。島によっては畜産が盛んなところもある。たとえば、黒島、硫黄島、竹島から成る鹿児島県三島村では、定住が決定すると牛一頭が提供されるという支援事業を設けている。同村では放牧場、畜舎などはすべて村営で整備しており、さらに周年放牧のため、本土と比較しても生産費で約10万円安くなっている。月収25万円程度を目標に専業として成り立たせるためには、約30頭の母牛を揃えれば十分だとのことだが、それでも子牛を順調に出荷できるまでにはある程度の投資が必要で、定住促進対策事業や農林水産振興資金を活用したとしても、ある程度の自己資金は必要となりそうだ。

●漁業について

四方を海に囲まれている島で暮らすのだから、島民らしい仕事、すなわち漁業に就きたいと思っている人もいると思う。しかし、漁で生計を立てるには「漁業権」や「知事許可」が必要となり、操業にあたっては船舶免許、漁業無線、組合員資格なども取得しなければならず、簡単に独立できるわけではない。

では、どうするか。

自分の暮らしたいと思っている島の漁業協同組合に受け入れてもらうのが一番だ。定置網や小型底引き網漁業、小型巻き網漁業の乗組員として働くか、一本釣りなどの漁業に弟子入りのような形で乗せてもらって、実績を作り、信頼を獲得していくのが得策といえる。

沖縄や鹿児島周辺では、カツオの一本釣りや、きびなご漁などが盛んだ。本州近海で採れる魚とは、まったく種類も異なっていたりするのも面白いところ。その地区の漁業組合にとにかくまずあたってみよう。支援対策事業を展開している自治体もあるので、こうした制度をうまく活用するのも漁師になる一つの方法だ。

認定就農者制度

新たに農業を始めようとする方のうち、就農予定地の市町村や農業改良普及センターなどと相談の上、研修と農業経営開始までの行程を「就農計画」として作成し、県の認定を受けた方を「認定就農者」として、研修経費や農業経営を開始する際の機械の導入・施設の設置に必要な経費を無利子で融資(就農支援資金)する制度です。

【就農計画の内容】

項 目	内 容	備 考
就農時の 農業 経営の構想	就農予定地(就農すると決めた市町村) 営農部門(経営を開始する品目) 経営規模(経営開始時の施設や農地の面積など) 所得目標(経営開始時に目標とする所得)	実現性が高いこと
研修計画	・農業大学校における研修計画 ・先進農家などにおける研修計画 ・指導研修(青年のみ)	・先進農家は指導農業士など県が認める農家 ・青年は概ね1年以上 ・中高年は6ヶ月以上
就農時において必要な事項	・経営開始のための事業計画 ・資金調達計画(自己資金、制度資金、その他)	
その他	・中高年の場合は、農業に活かせる知識及び技術 ・関係機関団体の支援内容 ・就農準備(住居移転・資格の取得など)	

※青年:18歳以上40歳未満、中高年:40歳以上55歳未満(特認あり)

【就農支援資金の内容】

種　類	対象経費	貸付額	償還期間	相談窓口	備　考
就農研修資金	農業技術を習得するための研修	・農業大学校など5万円/月以内 ・先進農家研修など15万円/月以内 ・指導研修200万円以内	青年：12年以内 中高年：7年以内（うち据置は研修期間の間）	就農予定地の市町村又は農業改良普及センター	○就農地によっては就農時に償還期間の延長が可能 ○連帯保証人が必要
就農準備資金	資格の取得・住居の移転など	200万円以内	同上	同上	同上
就農施設等資金	農業経営を開始する際の機械の購入、施設の設置など	経営計画を検討して、「認定就農者資金利用計画」を作成し、承認された額 青年：経営開始初年度2,800万円以内 次年度～5年度計900万円以内 中高年：経営開始初年度1,800万円以内 次年度～5年度計900万円以内	12年以内（うち据置5年以内）	就農予定地の農業改良普及センター又は農協、市町村	○複式簿記などによる農業簿記記帳が義務付け。 ○融資率 経営開始初年度100% 次年度以降50% ○債務保証つき

（注）就農計画の認定・就農支援資金の利用にあたって

就農計画の認定にあたっては、原則として研修は必須。

市町村によっては、就農研修資金・就農準備資金の償還の一部を助成をしているところがある。

離農や貸付条件に違反した場合は、一括償還となる。

就農計画が認定された場合でも、経営計画の妥当性やその他の条件により、就農支援資金の貸付けができない場合もある。

農業後継者育成基金事業

農業後継者育成基金協会が,新規就農者への助成事業を行っている。

事業名	事業内容	対象者	助成額(限度額)	年齢要件等
就農資金 助成事業	新たに農業経営を開始した者に対する営農資金の助成	新規参入者 Uターン者	100万円 30万円	40歳未満 細かな受給 条件あり
新規就農住宅 支援事業	就農及び研修開始時の住居の賃借料等に要する経費の助成	新規就農者 研修開始者	20万円	
農業基礎研修 助成事業	農業大学校で開催される基礎研修会経費の助成	新規就農者 就農研修者	1万円 (離島3万円)	

鹿児島県の離島内市町村の助成制度

区分	内 容		市町村
支給	研修	ファームサラリーや研修手当金の支給	名瀬市、天城町、和泊町、知名町
	就農	就農奨励金等の継続支給及び一時金支給	瀬戸内町、天城町
助成	農地取得又は借地に対する助成		南種子町
貸与	各種資金の貸付け		名瀬市、住用村
	ハウス、農業機械等の貸与		名瀬市、瀬戸内町、天城町、与論町
研修施設の設置			名瀬市、瀬戸内町、天城町、和泊町
その他(農業後継者結婚祝い金、パソコン贈呈、受入農家への助成、農業情報の提供)			西之表市、天城町

CASE

新規就農した事例

子どものアトピーをきっかけに食べ物の大切さを認識し、種子島で自然養鶏業として独立。

大山　勉さん（55歳）

——移住の経緯を教えてください。

大山　きっかけは三男のアトピーです。転勤先の名古屋にいたころ、三男がひどいアトピーになりまして、専門の病院へ連れて行ったのです。そこで自分の子どもだけでなく、アトピーで苦しむ子どもたちを目の当たりにして、本当に驚きました。病院前に自然食品の店があったので、いろいろと子どものアトピーなどについて話を伺いました。そのおかげで、とにかく人間は添加物などの入っていない、ちゃんとしたものを食べなければダメだ、生きていく上で本当に大切なのは食べ物だ、ということがわかってきたんです。

　食べ物のことを真剣に考えると、自分で作るのが1番と思い、最初は自宅近くに畑を借りて、家庭菜園を始めました。ところがそれが想像以上に楽しくて、次第に「こんなふうに作物を育てながら、田舎で暮らせたらどんなに楽しいんだろう」という思いが強くなっていったんです。

——養鶏を始められたのはどうしてだったんですか？

大山　名古屋から車で約40分ほど走ったところにある足助町というところで、会社をや

PROFILE

大山勉（おおやまつとむ）

1946年10月12日生まれ。福岡県出身。高校卒業後、東京の電機会社へ就職。技術営業として機械プラントや工場設計などの仕事にトータルで25年、携わった。後半９年間は名古屋支店に勤務していた。種子島へ移住したのは11年前。現在は、種子島に移住してくる人々のアドバイザー的存在でもある。

家族構成：妻・良子さん（47歳）長男・次男は大学生。三男は地元高校生。

めて養鶏業を営んでいる人がいると聞き、訪ねていったんです。そこで卵にもこういう自然卵があるのだと教えてもらいました。自然養鶏も生き物相手でいいなと思い、それから約1年間、毎週土日になるとそこへ通い、養鶏について勉強させてもらったんです。確かに見ていると自然卵は手間がかかるし大変。でも、いろいろ教えてもらっているうちに、これなら地方へ行っても何とかできるんじゃないかと思ったんです。

——どうしてまた種子島に?

大山　独身の頃からの趣味がスキューバダイビングで海が好きだったんです。東京にいる頃は三宅島や八丈島へよく潜りに行ってました。名古屋にいる頃は伊豆半島や三浦半島、日本海側の真鶴などにもいいポイントがあって、そちらへ行ってました。ただ、親が鹿児島出身だったこともあり、海のそばで暮らすなら、鹿児島より南の、温かい島がいいなというのがぼんやりとあったんです。

それで長期の休みを利用しては慶良間、久米島、石垣など沖縄の各島をまわったんです。スキューバダイビングも兼ねてなのですが、そこで果して暮らせるのか、そして養鶏業を営めるのかを、常に考えながらまわり続けていました。

そんな中、最初に目をつけたのは屋久島でした。壮大な自然が美しい島ですからね。子どものアトピーにもいいと思い、2年間通い続け、土地を探したんです。ところが、なかなかいい土地が見つからない。ケージならともかく、放し飼いで自然卵にこだわった養鶏業を営むためには、最低でも1000坪は必要なんです。養鶏だと、どうしても土地を借りて始めるのは難しい。土地を自由自在に使えるようにするためには買わなければならないと思って探していたのですが、いい物件がない。あったとしても、750坪で2000万円を超えてしまい、今度は高すぎて手が出なくなってしまう。

——屋久島をあきらめて、種子島になったわけですか？

大山　そう（笑）。屋久島にいい土地がなくて、途方に暮れながら、立ち寄ったのが隣の種子島でした。船で到着し、まずは電話帳で不動産会社を調べ、何軒か電話をしました。海のそばで土地と空き家があれば、紹介してほしいと依頼しました。本土へ戻ってからは、「いい物件がある」と連絡があるたびに、来島していました。確か、6～7回は通ったと思う。

——そこでようやく見つかったのが、今の場所なのですね。

大山　海のそばは風が強いのですが、ここは少し低い位置に建てられているせいか、風があたらないんです。しかも空き家になって3～4年経っていて、ふつうだったら蟻が多いにもかかわらず、黒松で作られた頑丈な家でした。大家さんが製材屋さんらしくて、使われている木がとにかくいい。天井もキレイでした。この家の前はバナナの木が鬱蒼と繁っていて荒れ放題だったのですが、それをキレイにすれば、何とか広々とした空間が作れ、養鶏もできるのではないかと思いました。

土地の広さは200坪、価格の安さも魅力でした。養鶏のための土地は徐々に広げていけばいい。そう思って、この土地を買うことに決めたんです。

——販売ルートはどのように開拓されたのですか？

大山　種子島の人口をまず調べました。どれくらいの人口で、どれくらいの卵を販売すれば、暮らしが成り立っていくのか、そのあたりを真剣に計算した上で、採算が合うだろうと。卵が安定して生産できるようになってから、パンフレットを作り、各家にポスティング。鶏が産む卵の数が徐々に増えてくると同時に、地元スーパーに置いてもらえるよう営業活動をしました。今はほとんど島内で販売していますが、春先など3割ほど

卵が増える時期は、県外の知り合いの家などに声をかけて、買ってもらってます。

移住して最初の1年間は、仕事を軌道にのせることよりも島の人たちとのコミュニケーションをはかることに重点を置いていました。同時に、ジャングルのようだった土地を整備することに時間を費やしていたので、正直、販売ルートの開拓まで、頭がまわりませんでした。

――最初はどの程度の規模から始められたのですか？

大山　佐賀からイサブラウンという品種のヒヨコを２００羽購入し、そこからスタート。5カ月経った頃から卵を産むようになったので近所のスーパーに置いてもらうようにしたんです。

――大変なこともありましたか？

大山　もちろんです。カラスにやられたり、台風に遇ったり、イタチや犬にやられたり。ヒナや鶏が病気になったり。とくに種子島は本土よりは温度が高いし、湿度も高い。中島先生という、自然養鶏では第一人者の方の本があって、それが僕にとってまさにバイブルだったのですが、その人の本には、病気のことは書いてないんです。何しろ本の通りの育て方をすれば、病気にはならないというのが前提だったから。でも本土とは気候条件が違うので、どうしても本の通りにはならない。試行錯誤を何度も繰り返し、自分で手だてを考えていくしかなかったです。

何よりつらかったのは、移住3年目のときに受けた、台風の被害です。

鶏舎を新しく建てたばかりで、3カ月も経っていないのに3棟がまったく使い物にならない状態になってしまい、全滅でした。お金も鶏舎新築に使ってしまった直後で、精神的にもかなりつらかったです。女房なんて、なぜこんなところへ来てしまったんだろ

うと、毎日後悔ばかりしてました。

でもです、救われたのは、まわりの人たちが自分たちにも仕事があるのに、私たちのところへきては、鶏舎の建て直しを手伝ってくれたこと。そういう人の温かさが本当に身に沁みました。

――今はどんな感じで日々を送っているんですか?

大山　今は朝、太陽が上がると同時に起きて、朝食をすませるとすぐに畑へ。今、野菜もかなり育てているもんですから。昼前までには産んだ卵を収穫して、パック詰めにして、妻が地元スーパーなどへ配達へ行きます。鶏は放し飼いにしているため、僕は朝と夕方に鶏舎へ行きます。

今はまだ働き盛りなので存分に働きたい。でも、もう少ししたら規模を縮小し、晴耕雨読の生活を実践したいですね。子どもたちも大きくなってきたし。それが私たち夫婦のささやかな願いですね。

●大山さんに学ぶサクセスポイント

・種子島のマーケティングをしっかり行っておいた。
・養鶏に関するノウハウを事前に学んでおいた。
・地元の人たちとのコミュニケーションに力を注いだ。
・あくまで自然養鶏にこだわった。

6　南の島で独立・開業する方法

資金があれば、ショップを開業するのも手　あるいは行政の支援制度を上手に活用しよう

●ペンション、サーフショップ、ダイビングショップを開業するケース多し

島へ移住するなら、自分のやりたい仕事がしたい。

そんな思いを実現すべく、独立開業する移住者も決して少なくはない。たとえば前出の、奄美大島でミニリゾート施設「アウンリゾート」を開業した、徳田さん夫婦もその一つである。

島への移住者による独立・開業のケースとしては、ペンション・民宿サーフショップ、ダイビングショップなどや、飲食業を始めることが多いようだ。

いずれにしても大変なのは資金調達。なるべくリスクを最小限におさえるため、自己資金内で始めるのが一番だが、それが難しいようであれば、各行政が実施している支援事業などをうまく活用したいところ。

ここでは、自己資金を元にフランチャイズ経営を始めた沖縄の今井さん、そして沖縄市の支援事業を活用した2組のショップ経営事例を紹介しよう。

CASE1

自分たちのペースで、ビジネスができる場所として沖縄本島を選び、フランチャイズ経営を目指した

今井　勇次さん（39歳）

――ご出身は神奈川で、その後与論島から沖縄へ移住されたそうですが、まずはそのいきさつを教えていただけますか？

今井　与論島のリゾートホテルは就職したのは27歳のときでした。とにかくウインドサーフィンが大好きで「日本で一番風が吹く場所へ」という気持ちで移住しました。与論島では、リゾートホテルのマリンスポーツの責任者として働いていました。

妻は同じホテルのフロント係でした。結婚し、沖縄移住を考え始めたのは30代半ばにさしかかった頃です。マリンスポーツの責任者として自由に働かせてもらっていましたが、所詮、ベースはサラリーマンなわけです。いつかは独立したいと思っていましたし、そろそろかな、と。

今までの経験を活かすなら、マリンスポーツ関連の仕事です。でも、マリン関連は人の命を預かる部分も大きく、気が抜けません。一生続けていくには荷が重すぎると思いました。

好きなことを仕事にできるのは本来ならば、すごく幸せなことだけれど、でも僕の場

PROFILE
今井勇次（いまいゆうじ）
神奈川県横浜市出身。大学卒業後リゾートに興味があって、クラブメッドへ就職。25歳のとき、オーストラリアで会社を起こすが現地パートナーとかみ合わず、会社を譲って帰国。その後、しばらく横浜の貿易会社で働き、27歳で与論島にあるリゾートホテルへ転職。34歳まで勤めるが、自分で業を起こしたくなって退職。現在は沖縄本島でFC「Anny のお気に入り」那覇店、浦添店、さらに「ニンニクげんこつラーメン花月」浦添国道58号店の計3店舗を経営している。家族構成：妻・美香さん（36歳）

合、そうではなくて、「ウインドサーフィン&海」という自分が好きなことと、仕事を別にしたいという思いが強くなっていたんです。

そこで思いついたのが沖縄本島への移住でした。同じビジネスを始めるにしても、自分たちは島暮らしが長い。だから東京のペース、速度で働くことは不可能だと思ったんです。その点、沖縄本島はそれなりに都会でありつつ、海もそばにある。僕らが商売を始めるには一番適した場所のような気がしたんです。

——商売と考えたときに、フランチャイズとなったのはどうしてなのですか?

今井　フランチャイズ・チェーンの生活雑貨ショップ「Annyのお気に入り」の社長は与論島のリゾートホテル時代に出会ったお客さんの一人だったんです。新しい事業を沖縄本島で始めたいと話したところ、「じゃあ、ウチのフランチャイズ1号店をやってみないか?」と言ってくれたのがきっかけでした。

——このフランチャイズを選んだのはどうして?

今井　ここの社長は長年おつきあいのあったお客さんで、信頼できる人でした。それが一番大きいです。フランチャイズはお金がかかるけれど、独自のノウハウを持っているから安全だと思いました。雑貨ショップなんて今まで全然経験したことのない事業でした。でも、だからこそ、かえってすんなり入れるかなというのもありました。

——ショップの場所はどうやって見つけたんですか?

今井　物件探しは自分たちで不動産屋をいくつかまわって探しました。1号店となった物件は那覇市内で見つけました。国際通りにほど近い、久茂地という場所で25坪の広さ。お店としてはわりと小さめのスペースでした。

——小さくてよかったんですか?

浦添にある「Annyのお気に入り」。

今井　1件目はもうテストだと割り切って、リスクを最小限に抑えるため、小さな店舗にしたんです。Annyの商品が果して沖縄の人たちに受けいれられるのかどうか、アンテナショップ的な役割も担っていました。

――開業資金はどのように調達されたのですか？

今井　リスクを抑えるため、借金は一切しませんでした。自分たちの貯金と親からの援助を加えた自己資金が約1100万円。900万円がFC契約料や物件の賃貸料であり、残り200万円を運転資金としました。

　ふつう、沖縄本島へ移住してきたばかりの人間が店舗物件を借りるというのはかなり難しいと言われるのですが、フランチャイズ・チェーンだったこともあり、すんなり店舗は借りることができました。

――半年ほどで2号店を出されています。勢いがありますよね。

今井　働きましたよ、最初はもう本当に（笑）。オープンから半年間は、休日なしで12時間、立ちっぱなしで働き続けてました。全然、海も行けませんでした。

　お店を始めるにあたり、2人で話していたのは、やるからにはお客さんに感謝される店にしようということでした。そのために頑張れるだけ頑張ろうと互いを励ましあいながら、進めてきた感じでした。

　その甲斐あって、「Annyのお気に入り」は想像以上に沖縄の人々に喜ばれました。「こういうお店が欲しかった」「お宅のお店から出てくる人たち、みんな何だか嬉しそうなもんだから、気になって来てみたのよ」と言ってくれるお客さんが増えてきたんです。それで、まだ利益は出ていなかったのですが、手応えがあったため、ビジネスとしてやっていけそうだと判断し、半年後、じゃあもう1件、出店してみようと決断し、99年に

入って2号店をオープンしたわけです。

2店目の「Annyのお気に入り」浦添店はちょうど250台もの駐車場を所有する大きなスーパーの真ん前です。スーパーでの買い物帰り、気楽に立ち寄ってもらえる立地条件が気に入りました。店舗は50坪。雑貨ショップとしては妥当な広さです。でも、今回は2500万円を公庫から借りました。

——その後、さらに違うフランチャイズにも進出されていますが。

今井　Annyはお客さまの大半が女性です。婦人服なども置いてあるので、男の僕がうろうろしていると遠慮されてしまうお客さまもいるんです。だったら、こっちはもう女房に任せて、自分は別の事業を始めてもいいかな、と。

そこで思いついたのがラーメン店でした。沖縄は、沖縄そばの店は多いのですが、いわゆるラーメン店で美味しいところが皆無に等しいんです。僕、もともと横浜生まれで、実は大のラーメン好き。だから、沖縄は好きだったのですが、ラーメンの美味しい店がないのがいつも寂しかった。だったら、自分で作ってしまえ、の発想です。

フランチャイズのシステムやノウハウはある程度つかめてきたし、FC本部だけ、しっかりしたところを選べば、間違いはないはずという自信も出てきていたので、ラーメン店のFCを中心にいろいろ調べ始めたわけです。

——「ニンニクげんこつラーメン花月」にされたのはどうして?

今井　たまたま沖縄の那覇空港近くに一軒だけあって、ここのは、沖縄でも美味しいなと思っていた。それで調べたら、けっこうビジネスモデルもいい感じなんです。それで一度、東京にある本部を訪ねてみました。そうしたら本部にすごく活気があって、雰囲気もいい。本部の方にも、「沖縄の人たちにもぜひラーメン文化を伝えていきたいと思

っているところだ」と言われ、僕らの思いとうまく重なったんです。

フランチャイズ・チェーンの本部がしっかりしているかどうかは①売り上げ②収益率③信頼性の3点からチェックするのがいい、というのが僕の持論です。その観点でみて、ここはいずれの項目も納得のいく数字でした。

――このときも融資は受けたのですか？

今井　地元の銀行と公庫からさらに2500万円の融資を受けました。

――場所は国道58号線沿いのとてもいい立地ですが。

今井　本部の人たちが探してくれたんです。浦添の国道58号線沿い、いいでしょ（笑）。車の往来の激しい通りだし。店舗は36坪、44席。家族で味わってもらえるよう、座敷席も用意し、ファミリーレストランのような店の雰囲気になっています。

オープンしたのは2001年7月です。1カ月間、徹底的に研修を受けて開店にのぞみました。お蔭様で大繁盛です。ふだんは絶対に並んだりしない沖縄の人々が並んで順番待ちをしてくれている。思い描いていたとおりの店に成長していっていると思います。

――売り上げ目標はどれくらいにしているんですか？

今井　FC経営の場合の売り上げ目標は月600万円くらい。どちらもそうです。それぐらいの売り上げを出さないと、FCの場合、本部との契約料とか、いろいろ支出も多いので、収益が出せなくなってしまうのです。

――今はどんな感じでお店を運営されているのですか？

今井　ラーメン店のほうは僕が、Anny―は妻が担当しています。どちらの店も年中無休ですが、2人の休みを火曜日と決めて、週1回の休日だけは夫婦水入らずで過ごせるようにしています。

●今井さんのサクセスポイント

・1件目は様子見と割り切り、借金をしないで自己資金の範囲内で開業した。
・なるべく投資額の少ないFC本部を探した。
・沖縄へそのFCを持ってくる意味を第一に考えた。たとえば、とある牛焼き肉店のFC本部なども訪問してみたが、すでに沖縄に焼き肉店が数多く存在しており、同じ業種の他FCとの競争も激化していた。そんな中、まだまだラーメン店の参入は少なく、これからという感じだった。「沖縄にラーメン文化を広げたい」という大きな目標を持って、展開していくことに成功した。
・自分たちの身の丈にあった事業展開を常に考えていた。

CASE2

離島で独立開業するときに何より大変なのは土地探し。自己資金に余裕を持ってのぞむことが大切

山田　光男さん（55歳）

――移住のいきさつから教えていただけますか？

山田　岐阜では和食の店を2店舗経営できるほどに成長できたのですが、一方で人を使う難しさなども痛感しており、自分のとりあえずの目的を達成したときに、妻と2人でこじんまりとやっていくスタイルに戻りたいと思っていました。もう一つ、以前からいつか南の島へ移り住みたいと計画はしていたんです。というのも実は妻が西表島のすぐ東にある由布島の出身なんです。今はもう観光の島となってしまい、村はなくなってしまったのですが、家内の生家だけは唯一残っていまして、毎年、そこへ里帰りしていました。彼女の母親は由布島の向かい岸になる、西表島の美原に暮らしていましたのでそこへ顔を出すのも目的の一つでした。それがおよそ26年間のことなのですが、訪れるたびに、いつかはこんな南の島で暮らしたいと思うようになっていたんです。

――儲かっているお店を畳んで移住するのには、相当な勇気が必要だったのではありませんか？

山田　いや、商売が全盛だったからこそ、閉めようと思いました。花道は勝者のままで

PROFILE

山田光男（やまだみつお）

1947年3月生まれ。岐阜県出身。調理師学校へ通い、免許取得後、和食の料理人として東京のホテル、料理店で8年間働く。その後、伊豆で姉と共同で小料理屋を開業するが、経営悪化のため2年足らずで閉店。28歳のとき郷里の岐阜へ戻り、結婚を機に再起をかけて開業。その店は見事に成功し、30歳で店舗、住居、テナントの入った5階建てのビルを建てることもできた。石垣島へ移住したのは12年前。妻のたつこさんの郷里が西表島の南西にある離島、由布島だったことが大きなきっかけとなった。

家族構成：妻・たつこさん（52歳）長男・将史さん（20歳）

（笑）。ダメになってからは閉めるというのは嫌でした。

――石垣島にされたのはどうしてだったんですか？

西表島はとてもいいところなのですが、土地の99％がジャングルで、1％の平地に人々が寄り添うようにして住んでいるから、そこに入っていくのは少々大変かなという思いが正直ありました。あと冬場は船の欠航が多いんです。1週間、何もせずにただひたすら家に閉じこもっていなければならないことも大いにあり得るわけです。それができる人なら大丈夫だと思うのですが、私には難しいと思いました。一方、石垣島は医療、学校、食料品も揃い、生活に困ることはありません。最近は大きな病院もできましたし、大手スーパーの参入もありましたから。そういう意味でも、都会からの移住にはちょうどいい沖縄の離島という感じだったんです。

――移住されて、まず何から始めたのですか？

土地探しです。知らない土地だから、不動産屋へ行っても相手にしてくれない。ちょうどバブル絶頂期で、大手企業が土地を買収していた時期と重なっていたんです。不動産がらみのトラブルも多かったため、なおさら、個人事業者に売ってくれるはずもありませんでした。だからといって、あきらめるわけにもいかず、半年間ぐらい、ずっと島中をまわりました。そんな中でようやく売りに出ている物件を自分で見つけて、直接、持ち主の方と話をして譲り受けました。

――どうやって、見つけたのですか。

看板も全然出ていなかったのですが、土地探しの途中でのぞきこんだら、空き家になっている建物があったんです。持ち主を登記簿で調べたら、横浜の某会社の保養所でした。それでお電話したら、閉めて売るところだと聞いたので譲ってほしいとお願いした

庭にはバナナの木が。

次第です。

――当時だとまだ、価格も高かったのではありませんか?

当時で1億円以上です。900坪と土地が広いのもありますが、まだバブル期だったので非常に高かったです。引っ越すとき、自宅も資産も処分をしてきましたのでそれなりの自己資金があったのですが、手持ちがあれば、融資も受けられるということだったので、借り入れをして手に入れました。

ただ、ここに大きな誤算がありました。その前に実は土地を2カ所購入していたのです。ところが、1年も経たないうちにバブル崩壊で土地の値段があっという間に下がってしまった。なので、1カ所は何とか処分したものの、こともう1カ所、西表島に8000坪の土地の分の借金がまだ残ってるんです。

――今なら、もう少し安く手に入れられるんでしょうね。

そうですね。土地の広さと建物にもよりますが、3000~4000万円ほどで可能だと思います。

――建物は以前の保養所をそのまま活用されたわけですね。

山田　そうです。やはり和食の料理人ということもあり、木造りの感じが好きなのでその素材のよさを活かして、改築してもらいました。

――山田さんが土地を探していらっしゃる間、奥さんは何をされていたのですか?、

山田　妻はケーキとパンの技術を磨くため、半年間ほど石垣の日航ホテルへ勉強に行ってました。

――このペンションの料理はご主人が作り、その他のケーキなどは奥さんが担当されているわけですね。

案山子(かかし)の宿のURLは
http://www08.u-page.so-net.ne.jp.cj8/kakashi/

山田　そうです。たとえば、ヤシガニや石垣牛など料理の中に最低でも一つは、石垣のものを取り入れるようにしながら、和洋中を楽しんでもらえるよう、工夫させていただいています。もずくなどは、妻が近くの海へ出て取ってきたものなんですよ。

――ここで開業されてよかったと思うのはどんなところですか？

山田　全国からいろんな人がきてくれることです。離島にありながら、全国区なんです。これは、岐阜の一料理屋ではあり得なかったことです。外国人の方も含めて、いろいろな地方の方、さまざまな価値観を持った人々と出会えるのが本当に楽しみになっています。このことが本当の意味で私たちの財産です。経済的にはかなり大変ですけれどね。移住は家族にとってよかったと思います。息子の小児ぜんそく、妻の冷え性、花粉症、私の神経痛などすべて改善されました。寒さの苦手な私には寒い冬がないのも魅力です。

――収入はやはり少なくなりましたか。

山田　はい（笑）。内地の数分の一です。相当大変です。でも、生活費がその分かからないですから。年間２００万円あれば、家族４人が生活できる島なんです。食べることはどうにかなりますから。そういう意味では、ラクですよ。

――離島へ移住して寂しいと思うことはありますか？

山田　旅行が趣味だったにもかかわらず、好きなところへ気軽に行けなくなったことですね。こういう商売は、予約がないときを狙っていくしかない。となると、やはり航空チケットでも正規料金で買うことになりますから、なかなか金銭面で大変です。何せ内地へ行って帰ってくるだけで一人10万円かかるんですから。ただ最近は１路線１万円のエアーチケットが出ましたのでラクになりました。

――台湾が近いのですが、行かれたことは？

畑のスイカを収穫。

山田　週に1回、船が出ていて、しかも6時間で行けるので、逆に「台湾は一番いつでも行ける」という頭があるせいかまだ行ってないんです（笑）。

――では、最後に移住して開業したいと思っている人たちへのアドバイスをいただけますか？

山田　1年間で家族4人で200万円。最低限の蓄えがあれば、とりあえず生活はしていけます。私たちの頃は本当に土地の値段も一番高い時期でしたが、その後かなり下がりました。ただ、新しい飛行場の計画やリゾートの進出で再び上がり出しています。移住を考えている方は早い時期がいいと思います。今、若い人たちの移住と開業が増えています。

ここの暖かさは本当にお金では買えないものです。本当に暮らしたいと思っているのなら、ぜひ来てください。私たちも力になれることはお手伝いしたいと考えています。

COLUMN

支援事業で独立開業

自治体の独立開業支援事業を有効活用して自分が理想とするお店をオープン！

沖縄タウンマネジメント協議会・ドリームショップ事務局

沖縄県沖縄市は、県下第2の都市。ここは約25カ国籍の外国人が住んでおり、沖縄の中でもとりわけ国際色豊かな町である。

　ところがその中心地、古座の中央パークアヴェニューは、数年前から閉店する店が相次ぎ、シャッターが閉まったままの商店街に陥っていた。この地盤沈下の進む中心商店街を何とか活性化したいという思いから、地元商工会議所が発足した沖縄タウンマネジメント協議会が「沖縄移住計画　ドリームショップグランプリ」を開設。増えつづけている空き店舗を利用し、開業してもらうよう、全国に呼びかけている。

「2000年からすでに3年目です。沖縄市でこんなお店をやりたいという企画を出してもらい、プレゼンしてもらう。その応募者の中からドリームショップグランプリを選びます。見事にグランプリを獲得された人には、賞金50万円と店舗家賃1年分、住居家賃1年分を保証しますという副賞付き。準グランプリの方には店舗家賃6カ月分の半額補助をさせてもらいます」と語るのはドリームショップ事務局の喜納高宏さん。

　つまり、これから沖縄でお店を持ちたい！　と思っている人にとっては、開店資金の負担が少なくなる上、援助を得られる。また、地域にとって

事務局の喜納高宏さん。

は新しい店舗が創出されることは願ってもない活性化につながることであり、まさに両者にとって大きなメリットがあるというわけだ。

「若い人たちが沖縄の青い海、青い空に憧れて、沖縄で暮らしたいと思ってくれる。しかし、ご存じのように沖縄で就職するのはかなり厳しい状況なんです。そこで行き着く先は〝自営〟となるわけですが、あいにく自己資金がない。じゃあ、お金を貯めてから移住しよう、と考えていただけるかもしれないけれど、それではタイミングがずれてしまうこともある。だったら、私たちも商店を活性化していきたいし、幸か不幸か空き店舗が多く残っているので、それらを互いに有効活用しましょう、という発想なんですよ」（喜納さん）

入選のポイントは、事業計画の斬新さ

選考会は年2～3回行われる。応募の方法としては事業計画書と履歴書、そして参加費として1企画に対して1人5000円を支払う。選考委員は地元商店街の方々が中心。募集に際してはホームページ、マスコミなどを通してのみ行っているだけだがそれでも全国各地から毎回応募があるそうだ。

選考のポイントはズバリ、事業計画の斬新さにあると喜納さんはいう。

「オンリーワンが大切です。他にはない、自分たちらしいアイデアを持っている方を重視しています」

これまでにドリームショップグランプリを受賞し、開業したお店は5店舗。今後も随時、オープンしていく予定だ。

最近は町おこし、村おこしのため、各地区の行政や商工会議所によって、実にさまざまな取り組みがなされている。

こうしたチャンスを見逃さないためにも、自分が移住したい島の市町村役場や、地元商工会議所のホームページは、逐次チェックしておくことをオススメしたい。

古座の中央パークアヴェニュー。

●ドリームショップグランプリで開業の夢を実現した人

その① 第2回ドリームショップ準グランプリ

小倉 聡子さん（34歳）

喫茶&居酒屋
雑食 油喰小僧（Ando cue boja）
（平成12年10月オープン）

兵庫県伊丹市出身。日本各地&世界各国の料理を食べ歩き、その土地の料理をすべてレシピにまとめていた。その知識と経験を活かして〝多文化〟メニューを提供できるお店を持ちたいと、ドリームショップグランプリに応募。

すでにオープンから2年目。すでに常連さんも多い、地元の人気店となっている。

「まだまだ軌道に乗っているわけではないですが、それでも最初にこうした補助を得られたのは、大きいと思います。古座のお客さんは、メニューをいろいろ用意しているにも関わらず、その日、自分が食べたいものを勝手に注文されたりするから時々大変（笑）。でも、みんなで飲んで歌ったりする場所として親しんでもらえるのがうれしいですね」

料理はすべて小倉さんのオリジナル。店内ではお客さんと一緒に飲んで唄うことも多いそう。

その② 第1回ドリームショップ準グランプリ

加藤 祐司さん（36歳）

サンバライブ居酒屋
オ・ペイシ
（平成12年9月オープン）

大阪府出身。以前は雑誌の編集者などをしていた加藤さん。5年間、ブラジルで暮らし、ブラジルの家庭料理などを教わった経験を活かしての開業だ。いつか沖縄に住みたいと思っていたが、仕事がないのはわかっていた。どういう形で実現していこうかなと思っていた矢先、ドリームショップグランプリのことを知り、「単なるお店では面白くないと思っていたので〝本格ブラジル料理を出すサンバ居酒屋〟というコンセプトで応募したんです」とのこと。

こちらもオープンから2年目。本場のミュージシャンを呼んでのライブや、サンバチームの募集なども行い、古座の活性化にも大いに貢献している。

加藤さんの奥さんは、沖縄の各場所でサンバを教えているそう。

ドリームショップのURLは、http://www.okinawacci.or.jp/dream

7 南の島の伝統産業に就く方法

島の伝統を受け継ぎながら暮らしたい。そんな夢を叶えられる研修所は多い

焼き物、染織、漆、ガラス工芸――と、南の島には多種多様な伝統工芸が息づいている。こうした昔ながらの伝統工芸に魅せられ、島へ移住したいという人もまた増えている。

とはいえ、伝統工芸品の多くは手作業であり、その技術習得までにはそれなりの修業が必要となってくる。また、その技術指導を受けられる〝場所〟も見つけなければならない。

伝統工芸の技を身につけるためには、一般的にはその道の作家、職人、もしくは親方と呼ばれる人々のところへ弟子入りする方法が考えられる。大好きな作家の作品があって、どうしてもその人に習いたいというのであれば、直談判して弟子入りさせてもらうのが手っとり早い。もちろん、その場合は給与などはもらえないと思ったほうがいい。というのも、伝統工芸は今、非常に注目を浴びている一方で、非常に厳しい局面を迎えている。後継者不足といった深刻な問題を抱えながらも、実際には後継者を雇えないといった状況もあるのだ。

そこで活用したいのが、各工芸品の研修施設。たとえば、1300年もの歴史を誇る奄美の大島紬。その後継者を育てようと名瀬市を中心に育成事業が展開されている。

各伝統工芸品の生産地には、生産業者による協同組合が組織化されているので、具体的に希望する伝統工芸品がすでに決まっている人は、こうした組合か、地元市町村の役場、商工会議所、商工会に問い合わせてみよう。そこで、研修施設があるかどうかがわかるはずだ。

CASE

職業訓練校で研修を受けながら、本場大島紬の技術を勉強でき、仕事にできる

本場奄美大島紬協同組合

同組合では、深刻な後継者不足を解消するため、職業訓練校として「本場奄美大島紬技術専門学院」を設置している。ここでは後継者育成と、技能向上を図るため、1年間、約2000時間をかけて、本場大島紬の歴史、理論、実技を実践的に学べるようになっている。希望者に対しては、さらに2年間、学生として実技研修の場が設けられている。ここの面白いところは、実際に注文されたものを学生たちが実践的に作り、完成すればその報酬も得られること。織りを習いに来ている3人のIターンの女性たちに話を聞いてみた。

●渡辺 由佳さん（28歳）

埼玉県所沢市出身。前職は埼玉県平和資料館の展示解説員。平成12年4月入校。

「着付け教室に通い始めたのを機に、大島紬を知り、その模様のあまりの繊細さに感動。自分でも作ってみたくなり、ここへ入りました。糸をくくる作業から教えてもらったのですが、最初1年目は全然うまくいかなくて、才能がないからもうやめたほうがいいか

もと思ったりしていましたが、泥染めを教えてもらうようになってから、だんだん面白くなってきて、今はきちんと基礎技術を身につけたいと思って勉強しているところです。月々、名瀬市から助成金として3万円支給してもらってます。それに加えて、1本反物をあげると工賃が出る。でも、1本完成するのに何カ月もかかっているので、なかなかもらえないのですが（笑）。」

●瀧 幸子さん（60歳）

東京都練馬区出身。前職は公務員（臨床検査技師）。

「定年退職後、こちらへ来ました。前々から興味があったので、しっかり勉強するのもいいかなと思いまして。最初は躊躇したのですが、こちらには70歳過ぎの方も学びに来ているとうかがったので、それだったら大丈夫かな、と（笑）。形に残るものを作ることの充実感が味わえるのがいいです。染めに大変興味を持ちまして、仕事の合間に地元の図書館へ通い、いろいろ調べたりしています。また、奄美の言葉は万葉言葉が残っていて、優雅な感じなんです。これらもこちらにいる間に、いろいろ勉強しておきたいと思い、覚えているところです」

●君塚 藤枝さん（29歳）

埼玉県北本市出身。前職は総合病院の事務職。

「東京ドームのプリズムホールで行われていた伝統工芸展で、大島紬を見て、もともとものを作るのが好きだったし、織物にも興味があったので、こちらに入ることにしました。ここは、ただの研修だけではなく、実際に商品となるものを作ったりできるので、

瀧 幸子さん

渡辺 由佳さん

勉強にもなるし、責任も重大。前職では自分の責任でないことで叱られたりして、すごく不本意な気持ちになったりしたけれど、ここでは、すべて自分の責任になるので、取り組み姿勢が全然違います。また、その方が技術もしっかり身につくと思う。ヘンなストレスがたまらず、のびのびと働きながら勉強しているという感じです。奄美の雰囲気も好きです。どこか自分の育った場所に似ている気もして、なじみやすかった。助成金は受けてはいるものの、家賃が月々2万5000円だし、それだけでは決して生活はできません。だから、生活費切り詰めてます（笑）。でも、そんなにシンドイ感じではない。前より自分の時間も多いし、ゆったりしているから、気持ちはとてもラクなんです」

君塚　藤枝さん

第3章

さあ、準備を始めよう！移住実践編

第3章はこれから島へ移住したい人々のための「移住実践編」。
幸いなことに、
島側も人口減少に歯止めをかけたい、島を活性化したいという思いから、
定住促進事業として住宅補助金制度、農漁業などの用地や資金融資などを条例化し
積極的にIターン者を受け入れている。
では、島に移住するためには、
どんな準備が必要なのか、移住しやすい地域、しづらい地域はあるのか、
仕事はあるのか、田舎暮らしの問題点、海外生活の問題点、子どもの教育問題、
そして費用などをまとめた。ぜひ参考にしてほしい。

1　島の選び方

●旅行ではなく、まずは実際に滞在してみる

「いつかは南の島で暮らしたい！」

その夢を実現した人々の話を伺うと、大きく次の2つのタイプに分かれる。
①一目惚れタイプ
初めて訪れた途端、島に一目惚れして、「絶対、ここに住みたい」と思い、それを実現してしまうタイプ
②南の島への憧れタイプ
都会よりも何となくゆっくり、のんびり暮らせる田舎で暮らしたい。しかも、せっかく田舎で暮らすなら、温かいところがいい＝南の島がいい、と南の島への移住を憧れるタイプ

第1章で紹介した沖縄の上村さんや浦さんはまさに①のタイプ。まったく予備知識がなかっただけに、本土とのあまりの文化の違い、そして何より人の気質の違いに驚き、そして感動し、とうとう沖縄へ移り住んでしまった。

種子島で塩づくりをしている関さん、そしてイラストレーターの林崎さんは、どちらかと言えば②のタイプだ。「子どもたちのために田舎暮らしがしたい。できれば、南の島がいい」と考え、種子島を結果的に選んだという感じだ。

不思議なのはやはり、その人に合った島があるということだ。

奄美大島、種子島、屋久島と3島を同じようにまわったとしても、奄美大島を気に入る人もいれば、いや、種子島の方がいい、という人もいる。

なので、漠然と「南の島に住みたいけれど、どこの島がいいのか」と悩んでいる人はとにかくまず、いくつかの島

へ行ってみることだ。その中に「ここが自分に合っている」と感じさせてくれる島があるはず。たとえば、霜触さんが奄美大島の空港に降り立った瞬間、「南国の甘い香りがした。ここなら住めるかもしれない」と感じたように。

そして「ここだ！」という島が見つかったら、本当に自分に合っているかどうかを確かめるために、旅行としてではなく、最低でも1～2週間現地に滞在してみることをおすすめしたい。しかも、できれば、ホテルなどではなく、知り合いのお宅やあるいは小さな民宿に宿泊する。そこで、その土地の人々と触れ合ったり、あるいはすでにIターンで移住している人々と出会い、話すことで、その島の様子が浮かび上がってくる。

種子島へ移住した今井さくらさんが「バリ島は旅行で訪れたときはもう一目惚れで、絶対にここに住もう！と思ったのに、いざ実際に暮らしはじめたら、全然なじめなかった」と話してくれたように、旅行で訪れるのと「移住」では、全然感覚が違う。移住するということは、そこで新たな生活を始めるということだ。しかも、ほとんどの場合が知人や友人もいない状況である。旅行者としては新鮮に感じたことでも、生活者としてその土地を見てしまうと、想像以上に本土と違うことに気づき、それがストレスになってしまう場合も多い。まずは試しに〝にわか生活者〟を経験してみよう。

2　移住のための相談先の見つけ方

●全国離島振興協議会へ問い合わせてみる

島への移住を真剣に考え始めたら、情報収集から始めたい。

東京都内に財団法人日本離島センターがあり、その中に全国離島振興協議会が設置されているので、いろいろな島の情報を収集したいと思ったら、まずはここへ問い合わせてみよう。全国離島振興協議会では、島で暮らしてみたい、Iターン情報が欲しいという、島への定住を希望する人々を対象に「あいあい倶楽部」というのを設置している。登録すると、島市町村のIターンへの取り組み、交流イベント、島の暮らしの情報などを提供している。

ちなみに、日本離島センターでは、「しま」という雑誌や「日本の島ガイドSHIMADAS」を発行している。これらは、南の島の情報だけではないが、日本の離島情報が詳しく掲載されているので、取り寄せてみるのも手だ。

問い合わせは、

日本離島センター「しましまネット」　http://www.nijinet.or.jp

●年1回行われる「アイランダー」は情報の宝庫！

日本離島センターでは「島に住みたい、島の事情を詳しく知りたい」という人々のニーズに応えるため、平成6年度から『アイランダー』という島の交流イベントを毎年1回、開催している。毎年100を超える島々が参加している。各島々のブースには、島の人々からじかに生の最新情報が得られるので、地元との人々とのネットワークを作っておくのにも、非常に役立つイベントである。

ちなみに平成13年度は11月18日（土）、19日（日）の両日、池袋サンシャインシティ文化会館2F展示ホールで開催された。来場者数は約1万3000名。毎年、この時期に行われるので、気になる人は「しましまネット」などを通して、日程をチェックしておこう。

●インターネットでの情報収集も大切！

最近は島だけでなく、全国各地どの市町村でも必ずホームページを開設している。自分が暮らしたいと思う島がある程度絞れているのなら、そういった島々にある市町村のホームページを検索してみよう。中には、Iターン者のための受け入れ事業について、また受け入れ状況などについて、詳しく掲載している市町村もある。

また、島へ直接出かけ、島の様子を自分の目で確かめてきたいと思っている人で、その島に知り合いもまったくいないというなら、インターネットで、その市町村の行政の人々とあらかじめコンタクトをとっておくのも方法だ。

前出の種子島で暮らすイラストレーターの林崎さんも、種子島へ訪れる前、インターネットでいろいろ種子島のことを調べていくうちに、西之表市の商工会のサイトに出会っている。

「そちらへ移住を考えており、見学へ行きたいと考えております。つきましては、到着したら一度ご連絡しますので、島のことをいろいろ教えてください」と、到着する日時なども添え、メールを出しておいたら、反対に商工会の人がわざわざ空港まで迎えに来てくれたそうだ。それが現在、ジュントスを運営している竹内さんだった。

もちろん、どこの島へ行ってもそこまで親切にしてくれるとは限らないが、そうやってコネクションをあらかじめ作っておくと、島の〝生の〟情報はより詳しく得られる。

できればIターン者としてすでに島で暮らしている人々に会えるようにダンドリをつけておくと、訪れたとき、より大きな収穫を得られるはずだ。

●とりあえず、島へ出かけたなら、市役町村役場の企画調整課へ

いや、とにかくその島を肌で感じたい！　と、とにかくまず島へ行ってみたい。で、そこでその島を気に入ったら、定住を真剣に考えたい。そんな人が相談へ行くとしたらやはり、現地の各市町村の役場へ向かうのが得策。市なら市役所、町なら町役場、村なら村役場、だ。

それら市町村の役場には、たいてい企画調整課、企画調整室、企画課といった名称の部署がある。場合によっては総務部のところもあるが、そういった部署がIターン者受け入れ相談窓口になっている場合が多い。なので、市町村役場を訪ねたら、こうした役場の人とコンタクトを取ろう。

たとえば、Iターン者がどれだけこの島にいるのか、どんな仕事をして暮らしているのか、Iターン者すべての情報ではないものの、ある程度の状況を把握しているので、現状がつかみやすい。

また、空き家の状況などを把握している場合も多い。そこでわからなくても、状況がわかる人を紹介してくれたりするはずだ。

3　住まいの探し方

●地元の人を介して、大家さんを紹介してもらうのが妥当

都会のように、賃貸住宅関連の情報誌があることはほとんどない。先ほどの市町村役場企画調整課で相談するのが一番だと思うが、もし、知り合いなどがいれば、その人を頼って、不動産屋や空き家を持っている大家さんを紹介してもらうのがいいだろう。

屋久島の井上さんの場合、不動産屋へ飛び込み、そこですぐに貸してくれたというが、地元に知り合いがいないと難しいと言って、断られるケースも多い。

「ある集落で、Ｉターン者が家賃を未払いで夜逃げしたことがあって、しばらくＩターン者に貸してくれなかった大家さんもいました」という話を、取材の途中で耳にしたこともある。それはレアケースかもしれないが、そういったことが１回でもあると貸したくないと思ってしまう地元大家さんの心情はよくわかる。「信頼できる人に貸したい」というのは、島でも本土でも関係なく、共通した認識だ。

とはいえ、いずれにしても島へ移住するためには、住まいを確保することが何より先決。島の市町村役場の人々や、島で知り合った人々にまず自分自身を信頼してもらい、そこから徐々に人脈を広げながら、住宅を貸してくれる人を探していく方法がよさそうだ。

●家賃は平屋一戸建てで1万円前後。沖縄本島は4～6万円

家賃は都会の相場に比べて断然安い。取材先でも「タダです」「基本的にはタダで年間維持費として１万５０００

円を年1回払っているだけ」「7000円」「8000円」といった人が多かった。そのため、「1万円以上」と聞くと、やや高い気がしてくるから不思議だ。敷金・礼金なしというケースも多い。

ただし、「タダ」と言っても、単なる「タダ」ではない。昭和30年代に建てられた一戸建てで、もう10年以上、人が住んでいなかった物件や、床が抜け落ちていた、水道が通っていなかったなど、家賃が低い分だけ何かしら改築や工事を施さなければならない状況がほとんど。ただし、改築などは本人に任せてくれることも多く、むしろ自由自在に住宅のリフォームができると、それを喜んでいるIターン者もいる。

家屋は一戸建ての平屋が多い。アパートなどはまだ少ない状況だ。平屋だと庭付きのところも多く、家の前に畑を作り、家庭菜園をしているIターン者も多かった。

沖縄本島はさすがに他と比べると家賃が高く、那覇市内に近いと、場合によって1DK程度で4～6万円というケースも。平屋一戸建てよりも、アパートやマンションタイプのケースが多いのが、他の離島とも異なる点だ。「奄美でも、新築でアパートだとワンルーム6万円くらいの物件も出てきていますよ」と教えてくれたのは、奄美大島在住の歯科衛生士、鈴木さん。ちなみに彼女は家賃3万5000円の新築の家の2階を借りて暮らしている。広さは8畳、6畳、キッチンでバス・トイレが別。名瀬市内で新築なので、やや割高感はあるものの、広さからすれば、都会とは雲泥の差の破格値だ。

●町営&村営住宅、県営住宅などの情報も収集してみよう

行政の窓口担当者に聞けば、だいたい町営&村営住宅、県営住宅の空き家情報を把握できると思うが、事前に知りたい場合は、各自治体のホームページをチェックしてみよう。空き家状況や今、入居者を募集しているかどうかがわかる。

以下、取材した方々の住まいの探し方&家賃を記しておくので一つの目安にしてみよう。

【住まいの探し方・参考例】

☆奄美大島・笠利町

・霜触さん（6人家族）→3LDKの一戸建て／月々3万円（敷金礼金なし）

・奄美大島へ物件探しのため、何度か通い続けていたときによく立ち寄っていた飲み屋の女将から、人を紹介してもらい、海の真ん前の、一戸建てがいい、という夢を叶えた。

・しかし、エアコンやトイレ、給湯器や家の改築などを含めて約100万円の費用はかかった。

☆沖縄本島・那覇市内

・浦さん（独身）→3DKの新しいアパート／月6万2000円（駐車場込み）

・那覇市内の不動産屋をまわり、自分で探した。

小コラム

住宅事情●保証人はIターン者には大きな課題⁉

家を借りる場合、必ず言われるのが「保証人」。しかも「島内に住む人で」と言われることも多い。知り合いがいれば問題はないものの、まったくツテがなく島へ訪れたIターン者にとっては、大きなネックになるところ。しかし、最近は島へのIターン者も増えており、沖縄の上村さんが「島内の保証人は必要なんですか?」とこちらから聞いたら、「いや、島内でなくても大丈夫です」という不動産会社もいくつかあったと話していたことからもわかるように、必ず「島内の保証人」を求められるわけでもない。ただ、どうしても気に入った物件で必要な場合は、相談にのってくれた人々にもう一度相談してみよう。また、就職先がそこで決まっていれば、採用通知などを持っていくと、それで信用されることも多い。

・沖縄信用保証協会があり、そこに1～2万円支払うと、そこが保証人となってくれるため、借りやすくなった。

☆**沖縄本島・具志川（最初に借りた場所）**

・上村さん（独身）→2LDKの広めのコンクリートのアパート／月4万3000円

・沖縄に住むためには地元の保証人が必要と本などには書いてあったが、不動産屋で聞いてみると意外に「別に保証人が地元にいなくても大丈夫」というところがいくつかあったので安心して、紹介してもらい、その中からチョイスした。

・敷金2カ月、礼金1カ月だった。

☆**種子島・西之表市**

・今井さん（パートナーと2人）→4LDKの一戸建て／月2万円（敷金礼金なし）

・とにかく古い家だったが、広々としているし、真ん中の大黒柱が気に入ったため、ここに決めた。

☆**屋久島・屋久町**

・井上さん（夫婦）→3DK。昭和30年代の町営住宅／月1000円

・口頭で即決。敷金礼金なし。

・たてつけはボロボロでクモ、ゴキブリ、ダニ駆除の必要があった。仮の住まいだったので3カ月だけ利用。

☆**宮古島・城辺町**

・関口さん（パートナーと2人）→3DKの一戸建て／月1万円

・かなり手を入れなければ住めない状況だった。

・庭が狭いのが今でも少し寂しい。

●思い切って島で土地を買う場合

種子島へ移住した草木さんご夫婦のように、もうそこに永住すると決めたなら、土地を買うのも一つの手段だ。

とはいえ、いきなり訪ねて不動産屋へ飛び込んで買えるものではない。

やはり、その土地にまず知り合いを見つけ、そこから不動産屋をいくつか紹介してもらい、じっくり吟味していくことが大切。草木さんの場合も何度も足を運んで、実際にその土地を見ながら、スーパーが近くにあるのか、万が一病気になった場合、最寄りに病院はあるかなど、自分たちの生活をそこで営むことができるかどうかをきちんと見極めた上で購入している。

同じく種子島へ移住した大山さん一家も、自然養鶏業を営むためにはどうしても人の土地では難しいと考え、買え

小コラム

住宅事情●島のお風呂には浴槽がない！

南の島に住んでいる人々のお宅にうかがうと、まず驚くのがバス・トイレ。トイレは昔の一軒家だと、外にあることがほとんど。なので、移住する人々が自分たちで改装し、雨風に濡れずにトイレへ行けるようにしている場合が多い。また、お風呂に関しては、浴槽がないところが多い。シャワーだけである。しかも、安価な物件になるとそのシャワーとトイレが一緒になっている。

そういえば、奄美大島へ移住したある夫婦は「温泉がないのが寂しい」と話していた。お湯にゆったりつかって、のんびりしたい人にとっては少しつらいかも。ただ、浴槽を設けても、湿気が多いため、今度はカビ掃除が大変になってしまう。そのあたりは、どちらを優先するか。判断が難しいところだ。

る土地を探すところから移住計画はスタートしている。最初は、屋久島がいいと考えていた大山さん夫妻は、東京にも支店のある屋久島の不動産会社を通して、いくつか土地を紹介してもらった。その間、約2年の月日を要している。

貸家なら、「どうしても合わない」と思えば、引っ越すことも可能だが、いったん土地を買うと安易に買い換えるわけにもいかない。それだけに何度もいろいろな土地を見ながら、探していく根気が必要になってくる。

CASE

定住促進事業について【名瀬市の場合】

Iターン者の移住先として、「南の島」を選ぶ人たちが増えてきた一方で、島側もまた、新しい人々を積極的に受け入れようと、定住促進のための情報発信や定住奨励金など、独自の定住促進条例を作って、体制を整えている。

中でもかなり先駆的に「定住促進事業」を導入しているのが奄美大島の名瀬市。同市の取り組みとともに、実際にこの促進事業を通して奄美大島への移住を実現した3組の御夫婦も紹介していこう。

●年々増えているIターン者の定住

名瀬市企画調整課のまとめによると、1995年は2件だった移住希望者が96年には9件、97年には41件となり、98年には56件と急速に増え続けている。

現在、名瀬市に定住しているIターン者は、大島紬や農業、漁業をはじめ、実にさまざまな職に就いているのも一つの大きな特色だ。同じ奄美大島にある笠利町、龍郷町、大和村、瀬戸内町にもIターン者は年々増えており、中でも関東関西方面の、30～40代の働き盛りの世代で移住してくる人が多い。

なぜ、これほどまでにIターン者が増えているのか。そのあたりの要因について、名瀬市企画調整課課長の花井恒三さんは次のように話してくれた。

「奄美は人情があり、風土ものんびりしてるし、あったかい。それに加えて手つかずの森と海という自然の豊かさも兼ね備えている。それが魅力で来ましたと言ってくださる人が多いですよ」

名瀬市では、こうしたIターン希望者に対して、積極的な受け入れ対策を実現していくために、定住促進基本計画を策定し、住宅対策から新規就農者支援まで総合的に取り組んでいる。

花井さんによると名瀬市ではインターネットのホームページで定住促進案内のコーナーを設け、情報を随時提供できるようにしているという。メールや電話などで問い合わせがあれば、必ず奄美大島に関する資料を一式送付する。

「龍郷町、笠利町と合同で作成した定住促進情報のパンフレットを送ってます。そこには定住に関する各種助成制度や住宅・職に関する情報も記載し、実際に移り住んでいるIターン者の話も添えています。場合によっては『ハローワークなぜ』がまとめた『求人情報あまみ』という最新の求人募集情報をまとめた冊子や、最新の住宅状況や奄美大島での仕事の探し方、求人状況、医療施設、保育・教育機関の情報などを掲載した『名瀬市への定住をお考えのみなさまへ』という案内なども同封して送ってます。メールでの交信も積極的に行って、こちらの情報はできるかぎり提供できるようにしています」。

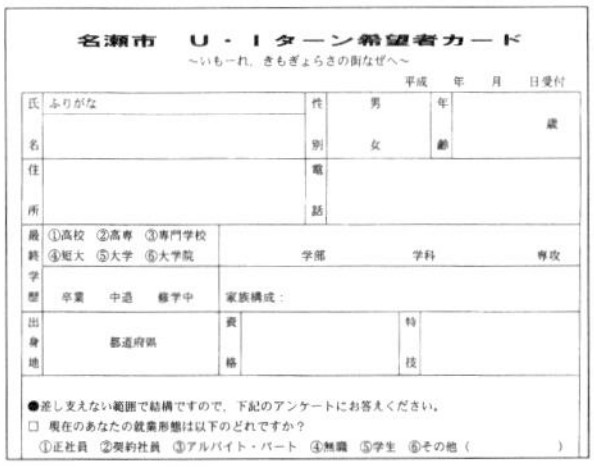
名瀬市　U・Iターン希望者カード
～いもーれ、きもぎょらさの街なぜへ～
平成　年　月　日受付

氏名	ふりがな	性別	男 女	年齢	歳
住所		電話			
最終学歴	①高校 ②高専 ③専門学校 ④短大 ⑤大学 ⑥大学院	学部 学科 専攻			
	卒業 中退 修学中	家族構成：			
出身地	都道府県	資格		特技	

●差し支えない範囲で結構ですので、下記のアンケートにお答えください。
□ 現在のあなたの就業形態は以下のどれですか？
①正社員 ②契約社員 ③アルバイト・パート ④無職 ⑤学生 ⑥その他（　　）

名瀬市ではU・Iターン希望者が訪ねてくるとまずこのシートへ記入してもらう。

とはいえ、「行政の情報はあくまでツール。これらの冊子や案内を手に入れたとしても、予備知識の収集にすぎない。だから、本気で奄美へ移住したいとお考えなら、一度ぜひ訪ねてきてくださいと話すようにしています」と花井さん。島での生活を考えているなら、島の情報は島で、足で集めてほしいからだ。

なので、実際にIターン志望の方が来島すると、3〜4時間、あるいは半日かけて島の中を案内することもあるそうだ。奄美大島の観光スポットも立ち寄りながら、職業安定所や民間企業などにも連れていく。また、実際にIターンで定住している人たちのところへ、連れていき、実際に住んでいる人々と話をしてもらったりすることも多い。

「Iターン志望の方は、実際にすでにIターンしている人たちに会うとすごくホッとされるんですよ。で、移住するまでもそうだけれど、移住してからも何かと相談にのってもらえる〝知り合い〟ができたことになるでしょ。その心強さは大きいみたいですよ」

もちろん、行政から斡旋したりなどはしない。住宅に関しては農村部の地域活性化や小規模校の維持、農業振興の観点から、農村部・地元住民に対して住環境の整備を支援し、整備された住宅にU・Iターン者を斡旋することで定住を促進する事業は展開（定住促進住宅建設助成事業）している。しかし、実際に住むアパートや一戸建ては本人たちに探してもらうようにしている。職業に関しても職安の窓口は案内するが後はすべて自分たちの手と足と耳で見つけてもらう。

「何でも行政におんぶにだっこ」ではなく、自分たちが本当にここに住みたいのだと思うなら、まず自分たちで行動する。それこそが真の定住につながると花井さんは考えている。

Ｉターン者支援対策一覧

【名瀬市定住者資金支援対策】

事業名	対　象	内　容	支給額
企業立地促進事業	指定企業者	企業に対し、助成措置及び便宜供与を講じ、企業の育成及び誘致を促進 1.用地取得助成金の交付 2.企業施設設置奨励金の支給 3.地元雇用奨励金の支給 4.緑化奨励金の支給	1.1千万円以内 2.1千万円以内 3.2千万円以内 4.3百万円以内
小規模学区活性化就学助成事業	小規模学校区に転入・入学した生徒	就学助成金 ・児童および生徒一人当たり	5万円
農業後継者育成事業	農業後継者	市農業研修センターで1年間の研修を行う制度 農業後継者育成奨学金の支給も可	日額 5千円
漁業後継者育成事業	漁業後継者	漁業に従事しようとする者に対し、育成資金を1年間支給する	月額 5万円
大島紬技術者育成資金支給事業	大島紬技術後継者	将来、本市において大島紬に従事しようとする者で各事業所及び訓練校の見習工、訓練生 1.大島紬泥染事務所見習工（2年間） 2.大島紬藍染事務所見習工（2年間） 3.県大島紬技術指導センター(1年間) 4.大島紬学院研修生（1年間）	1.月額3.5万円 2.月額3.5万円 3.月額1万円 4.月額 3万円
看護職員等就学資金貸与事業	看護職員等養成施設在学者	保健婦、助産婦、看護婦(士)、理学療法士になるための就学資金の貸与。 但し、市内在住3年以上が条件。 1.準看護学校 2.その他 就学資金を受けた期間以上地元で勤務した場合は返済免除	1.月額2万円 2.月額4万円

COLUMN

私たちの仕事の獲得法

●定住促進事業で農業を始めた人々

自治体の制度をうまく活用すれば、島での就農も実現可能

名瀬市内から海沿いにやや南下した、市のはずれに根瀬部という集落がある。

ここには現在Iターン者が6組暮らしている。花井さんによると、ここは「Iターン者がIターン者を呼ぶ集落」なのだそうだ。

「海辺の農村地区なので、のんびりしている。そういう風土を大切にしてくれ、愛しく感じてくれている20～30代の家族が移り住んでいるんです」。

その中の2組をここでは簡単に紹介しておこう。どちらも名瀬市の各種助成制度を活用して移住を実現している。

①愛知県名古屋市からのIターン

柴田 康博さん（38歳）・美佐さん（38歳）

名古屋のソフトウェア関連会社でSEとして働いていた柴田さんと妻の美佐さん。結婚と同時に柴田さんは退職し、フリーランスのSEとして活躍していた。そんな2人が移住を考え始めたのは35歳のときだったという。

「都会で暮らすより、田舎がいい。しかも年寄りに活力のある場所がいい」と選んだのが奄美大島だった。根瀬部へ移住したのは99年8月。生活を180度変えるのだから、仕事も180度変えたいと思い、選んだのが農業。「農業後継者育成事業」

のもと、市の農業研修センター農場で1年間、花卉栽培の研修を受けた。

その後、「農地保有合理化事業」のもと、営農センターから農地を約6反借りる。1反あたり年間6000円。まずは土作りからスタート。「まだまだ生産できる状況にまでにいたっていない。でも、いつかとれた野菜や果樹を生産加工して、自社ブランドとして販売できたら」と考えている。

現在の住まいは市営住宅。一軒家で家賃は2万5000円。農具などを入れる倉庫を借りているが、それは1万5000円とのことだ。

のんびりしながら畑の整備をしているという柴田さん夫婦。

②大阪府からのIターン

斎藤 巧さん（31歳）・珠代さん（27歳）

サーフィンが好きで、高校を卒業してからは和歌山・三重の海から愛知県の伊良湖岬、静岡県の御前崎と転々とし、その間はずっとアルバイトで生活を続けていた。妻の珠代さんは高校卒業後、3年間は大阪でOLをしていたが、その後はずっと巧さんと一緒に全国各地の海のそばで暮らしていた。

約3年前、「このままいつまでもバイトしながらサーフィンという生活を続けるわけにもいかないだろう」と思い始め、「でも会社勤めは嫌だ。自分にできることは何だろうと考えたときにふと浮かんだのが農業。というのも、前から植物を育てるのが好きだったんです」（巧さん）。

しかも、せっかくなら海のそばがいい！ ということで奄美大島へ。「農業後継者育成事業」があり、研修を1年間受けながら、研修手当日額5000円と、奨学金が月額1万円支給されるというのも魅力に感じて、奄美大島で農業を始めることを決意。

そして1年間の研修を経て昨年7月から、何カ所かに分けて土地を借り、農業を開始。スモモの苗、バナナ、タンカン、暴風樹などの栽培を始めたところ。

「畑の水はけが悪く、状態が偏っているのでまずは土作りから始めなければならないところもある」のが思っていた以上に大変だ。しかし、仕事をしていけば、した分、畑もきれいになっていくし、作物を植えられるようになる。それが嬉しい。

「でも、農業が大変なので、ここんところ全然サーフィンができていないんです」と巧さん。まだまだ自分の農業だけでは食べていけないので、他農家のビニールハウスを手伝ったりしている。

「たぶん、タンカン栽培がメインになってくると思うのですが、これからはもっと大変になってくると思う。でも、2人で力を合わせて頑張りたい」(巧さん)。珠代さんも「お金はなかなかたまらないけれど、2人で同じ目標に向かってやれるのが楽しいです」とのこと。

ちなみに2人が暮らしているのも市営住宅。小さめの3DKとのことだ。

借りている畑を耕す斎藤さん夫婦。それぞれが役割を持ちつつ、お互いに助けあっている。

3　島の生活

●気候／基本的には暖かいものの、想像より「寒さ」が厳しいときもある

Tシャツに短パン、そしてサンダル。

南の島ならこの3点セットで1年中暮らせる！　奄美大島の霜触さんはそう話してくれた。事実、南の島のほとんどは亜熱帯気候に属しており、夏は長い。3月に入るともう海開きのシーズンとなり、太陽の陽射しを浴びるたびに、ここが南国であることを実感させられる。

ところが、ひと言で〝南国〟というと、ジメジメした蒸し暑さを想像しがちだが、それが島の場合、そうでもない。風が強いせいかさらっとした暑さなのだ。真夏でも日陰に入るとヒンヤリして気持ちいい。

さらに、冬の時期になると「思ってた以上に寒い日もある」というのが、Iターン者の共通した実感だ。それは、沖縄本島、屋久島、種子島、宮古島、どの島でも同じだった。

たとえば、屋久島などは標高1953・3メートルという、九州最高峰の山、宮之浦岳がある。だから冬になると山頂付近では雪が降り積もっていることも。また雨が降りやすい地形のため、1日のうちに何度も雨が降ったりやんだりしており、太陽の陽射しが出てきたと思ったら、すぐに暗雲が立ち込めたり。なので、晴れているときはいいけれど、雨が降り始めると意外に暗く、南の島のカラッとした明るい雰囲気のイメージからはほど遠くなってしまう。

他の島も、年間を通して温暖な亜熱帯気候ではあるものの、冬になるとやはり風が強くなり、寒い日が何日か続いたりもする。とはいえ、底冷えするほどの寒さを感じることはないので、ご安心を。

●服装／基本的にはラフな恰好で大丈夫

島の人々の服装を見ると、いたってラフである。ヘンに着飾っている人はほとんどいない。自分たちが過ごしやすい服装で過ごすというのが南の島のスタイルなのだろう。寒くなると、パーカーを着る人は多い。ただし、フリースほど分厚いものを着ることはめったになさそうだ。石垣島あたりまでいくと、ウールのものは全く必要ない。寒くても綿のジャンパーとトレーナーで十分だ。

●台風／直撃されて、ショックを受ける移住者も

Iターン者が、移住して驚かされるのが台風だ。沖縄や奄美大島付近は台風の通り道である。あまりの風雨の強さに恐怖を感じることも多い。種子島で養鶏を営んでいる大山さんは、話にもあったように、移住3年目、ようやく養鶏業が軌道に乗りはじめたときに、台風に直撃され、鶏舎が壊れてしまった。農業に従事している人々も、せっかく植えた作物や木々が全部倒れてしまうということも、往々にしてあるそうだ。

●食生活／自給自足に挑戦してみる

貸家に住んでいてもまわりに空地や、庭がある一戸建てという場合が多いため、そのスペースを利用して家庭菜園をしているIターン者は多い。温暖な気候のため、作物も早く育つのが嬉しい。自分の家で作っていなくても、親しくなった近所の方が採れたての野菜を届けてくれるケースも多い。それをあてにして移住するのもどうかと思うが、スーパーでも野菜などはそんなに高くはない。当然のごとく、まわりが海なので魚介類は豊富。肉類に関しても、沖縄は豚肉の文化があるように、わりと一般的に出回っている。

ちなみに、沖縄の高齢者たちが一番好きなものは「肉」。次に「野菜」なのだそうだ。沖縄はもちろんのこと、島ならではの郷土料理も多い。それらを地元の人々に習って、食生活に取り入れていくのも楽しい。

●物価／島の物価は意外に高い

家賃はとてつもなく安いところが多いが、ガソリン代は高い。その他、洋服や家事用品など日常雑貨などは東京などと、さほど変わらない。「生鮮食品の種類が少ない」「日常雑貨などは定価で売られていることが多い」という声も多く、島でとれない生鮮食品は値段が高くなっている。

また島によっては、インフラが整備されていないこともあり、電気代、水道代が高いところもある。

●買い物／欲しいものがすぐに手に入らないことも

たとえば、コンピュータ関連のグッズや部品、ソフトなどは、一般の商店ではすぐに手に入らないことが多い。「すぐに取り寄せてほしい」と言っても、「島時間」の感覚で事を進めていくので、急いで手配をしてくれるということはあまり期待しない方がいいだろう。移住者においては実際にそういったものはインターネット通販で購入している人が多かった。

日常的に困ることはないけれど、欲しいものがすぐに手に入らないのが島生活のつらいところ。だからこそ「車で10分ほどのところにスーパーがあるので日常的なものでは困らない。でもかわいい服は全く売ってないので、実家のある大阪へ戻ったときに買い込んでくるんです」（奄美大島の斉藤珠代さん）といった具合に、本土へ帰省した際に、島で買えないものをどっさり買いこんでくるという移住者は多かった。

●交通／車は必須アイテム

車がないと話にならない。路線バスなども走ってはいるが、1時間に1本あればいいほう。何より島の人自身があまり利用していない。ただし海風の影響で車の傷みは早く、あまりいい車は必要はない。

●虫・ヘビ／ハブやマムシは出る島と出ない島がある！

クモやゴキブリは都会でふだん私たちが見慣れているよりもはるかに大きい。ハブやマムシが出る島も多いので注意が必要。とはいえ、実際に見たことがある人は意外に少なかった。宮古島にはヤモリが多かったが、ヤモリは家に入ってくる蚊など、虫を食べてくれるので助かるそうだ。虫はいずれにしても多いので多少の覚悟は必要だ。

「台風が去った後、アリの発生がすごかった。天井をはってきて、かなりつらかった。ヤスデという虫がいて、踏むとガスが出るんです。これがかなり大量に発生するときがあるのでつらい」（奄美大島の柴田さん夫婦）

●教育／小中は島内にあり。ただし数も生徒数も少ない

小学校、中学校は併設の場合もあるものの、たいていどの島にもある。ただ高校は本土もしくは別の島へ行かなければならなくなる場合も。その際は、子どもたちが単身で本土もしくは別の島へわたり、寮生活を営みながら、高校へ通うケースが多いようだ。中には「母親が子どもと一緒に島を離れて、高校のある地域へ移住し、夫が単身で待っているようなケースも増えてきている」（沖縄の某離島役場担当者）そうだ。

●家計／これだけあれば、生活できる

前出の名瀬市企画調整課課長、花井さんは「奄美は月6万円で暮らせる島！」という。確かに物価は都会並みだが、家賃は名瀬市の市営住宅で月2万5000円。野菜などはほとんど自家菜園か近所の方からいただくので、お金を使う必要がないからだ。

ただし、最初からすぐに仕事が見つからなかったり、農業などの場合は最低でも軌道にのるまで3年くらいはかかる。その間の生活費として約3年分くらいの費用は蓄えておいたほうがよさそうだ。

●地域の人々／地元の人とどれだけ親しくなれるかもやはり大切

島で暮らしている人たちの話をうかがっていると、そのイベントの多さには驚かされる。

「秋になると、どこかしらで運動会があって、たいてい出かけてます」という声も多かった。ちなみに奄美大島では相撲大会、宮古島ではトライアスロン大会などなど。しかし、島で移住した人々の多くは、そういったことを決して嫌がっているふうでもなかった。本土では子どもでもいない限り、地域の運動会に参加することはないのだが島へ移住した人々の中には、夫婦2人で地域の運動会や相撲大会に参加していた。

島では濃密な人間関係は必須。ただ、振り回されてはいけないと言う。もちろん、その土地に住まわせてもらっているんだという感謝の気持ちは忘れないことが大切だが、何が何でもすべてのイベントに参加しなければならないわけではない。自分たちのスタンスを持ちつつ、協調性を持っていくことが、島の人々との上手なつきあい方になる。

●海外の南の島へ移住した人からの現地報告

この本では、主に日本の南の島々へ移住した人々を紹介しているが、ここでハワイそしてロタへ移住した人々からの現地報告を紹介しよう。日本国内で移住するのとはまた違った大変さ、苦労があり、と同時に、快適さ、住みやすさがあるはず。

まずは、ハワイオアフ島へ1999年から移住されている、前田典子さん。彼女が家族と一緒に暮らしているのは、ホノルル市内、ハワイカイというエリアだ。ワイキキから車で東へ約20分のところにある住宅地。のんびりしていて、環境はとてもいいところである。

ハワイに移住した前田典子さんのケース

前田　典子さん（37歳）

——ハワイへの移住を考え、今にいたるまでの経緯を教えてください。

1996年に娘が生まれたのが大きなきっかけです。実家のある名古屋でしばらく働き、その後、語学留学を機に渡米。88年からずっとニューヨークで働き、暮らしてきました。でも、はたしてニューヨークが子育ての上で最適の地なのかどうか、悩み始めたんです。それと仕事の面でもいろいろと問題があり、職場を変わりたいというのもありました。ただ、ニューヨークでよりよい職を見つける自信はありませんでした。だから、

PROFILE
前田典子（まえだのりこ）
1965年1月3日生まれ。名古屋市出身。名古屋市内の英語専門学校卒業後、海運会社就職。87年、語学留学のため、米国カリフォルニアへ語学留学。88年ニューヨークへ渡り、90年ニューヨーク州立ファッション工科大学入学、2年後卒業。そのまま現地で就職。その後、99年に退職し、ハワイへ移住。
家族：夫・前田広志さん（52歳）葉菜ちゃん（6歳）

2年くらいはずっと「どうしよう？」と考えていたような気がします。ちょうど主人がレストラン経営をしていたのですが、その商売がうまくいかなくなってきたこともあり、ニューヨークを出たい、と思いは強まるばかりでした。

――次なる移住先としてハワイを選んだのはどうしてですか？

サンフランシスコも候補として上がっていたのですが、ハワイの方が日本の家族も来やすいし、日本語を生かした仕事がたくさんあると思ったからです。それと何より自然に近い生活がしたいと思い始めていた時期でもあったからです。

――移住する際、一番問題になったことは何ですか？

やはり資金繰りです。あまりお金がなかったので、荷物を運ぶのに一番安い方法として郵送を選びました。なんと、50もの箱を何回にもわたって郵便局に持って行き、送る手配をしたのは、さすがに疲れましたね。

それと、やはり娘の学校問題です。とりあえず保育園に入れなければならなかったのですが、どの学校がいいのか見当がつかず、かなり困りました。私たちの場合はまず電話帳で家の近所、職場の近くに絞って保育園などを探し、見学させてもらいました。そのなかで預かってくれる時間帯、教育方針など数々の条件をクリアした保育園を選び、入れました。しかし、働き出してから、ハワイのローカルの同僚からいろいろ話を聞くうちに、最初に入れた保育園がベストではないことがわかったので、1年後に転園させました。

――仕事はどうやって探しましたか？

ハワイに着き、暮らし始めてから、主人と一緒にヘッドハンターに会ったりもしました。ヘッドハンターが新聞に広告を出している場合が多く、私たちも新聞で見つけた人

に会いました。ただ、結局は、私は新聞の広告で今の職場を見つけ、移住1カ月後にはもう仕事を始めていました。ニューヨークでは、日本の通信販売会社で、社長秘書から始まって、商品開発のような仕事、最終的には広告や印刷物のデザインの仕事などを手掛けていたのですが、そのときとほぼ同じ仕事を得られて非常にラッキーだったと思っています。実際、今の職場は、ある免税店の会社のマーケティング部です。クリエイティブサービス・マネージャーという職務に就いて、日本のお客様向けの広告や印刷物のデザイン、レイアウトなどを担当しています。日本のメディアが取材に来た際の、対応などもしています。

ただし、給料は30%減りました。

ハワイの場合、日本語ができればとりあえず仕事はあるみたいです。旅行会社やホテルなど日本人相手の観光業務はけっこう幅広くあるんです。夫もヘッドハンターを通して、レストランのマネージャーの仕事をしていましたが、1年後にリムジンの運転手に転職をしました。

ちなみに新聞はホノルルアドバタイザーズでした。求人広告はホームページにも掲載されていますので、探しやすいと思います。

——住居はどうやって決めたのですか?

移住3カ月前から、インターネットやハワイの賃貸アパート雑誌を購読したりして「どこがいいか?」の目安はつけていました。その中からアポをいくつかとり、主人が移住1カ月前にハワイへ行き、実際にアパートを見てから契約しました。

今の物件に決めたのは何よりまずハワイカイというエリアが気に入ったからです。海も近いし、山もある。大きなスーパーもあって便利もいいんです。私たちのアパートは

2階建ての造りになっているのですが、ベッドルームが2つあって、あとリビング・ダイニング。バスルームも2つ。敷地内にはプールもあります。

借りる際には、仕事があれば特に問題はないと思うのですが、仕事がない場合は銀行の残高を提示する必要があるときもあります。日本みたいな敷金・礼金はありません。保証金も基本的には戻ってくるものです。私たちの場合は、アパートを借りるときに保証人が必要だったので、ハワイ出身の友人の両親に頼みました。

――子どもの教育についてはどう考え、どうしましたか？

ニューヨークのときには、評判がよくなかったので絶対に公立の学校には入れたくありませんでした。なので、ハワイに来たようなものなのですが、結局、ハワイも公立はそんなに評判よくないみたいで、うちも中学校からは私立を考えています。ハワイの両親は凄く教育熱心です。親同士が集まると、「あそこの学校はいい、あそこはだめ」みたいな話しばかりしています。だから、情報収集は井戸端会議で収集できますね。

――どこか、移住に際して、相談窓口はありますか？　相談は誰にしましたか？

とくに相談した人はいませんでしたが、ハワイに住むためのハウツー本"So You Want To Live In Hawaii"（英語）がとても役に立ちました。

――気候はどんな感じ？　今までの暮らしとの違いは？

毎日晴天で気持ちいいです。とはいってもやはり住んでいると、それなりにしっかり四季も感じられます。やっぱり冬にはビーチで泳ぐということはしません。寒いんです。それと、ニューヨークにいるときよりは、断然アウトドア志向になったと思います。外に出ないともったいないって感じ。生活はよりシンプルになりましたね。

――服装や食生活はどんな感じで過ごしているのでしょうか？

仕事のときには一応、かちっとした服装ですが、でも足下はいつも素足にサンダルです。車を運転するときはすぐにビーチサンダル。平日はショーツにTシャツ。娘もビーチサンダルで登校してます。

食生活は日本食が中心です。ハワイには日本食がいーっぱいあります。OKAZUYA（おかずや）とか、BENTO（弁当）とか、普通の単語として使われるほどなんですよ。

――住居は？

とっても快適です。毎朝、鳥のさえずりで目が覚めます。私たちの住んでいるコンドにはプールもついているし。ベランダ（ハワイではラナイといいます）も2つあります。強いていうならば、家の窓から海が見れたらもっと最高なんでしょうけれど。

――不便な点はありますか？

車がないと移動ができないこと。必需品です。我が家にも2台あります。それだけに車のローンは大変。給料は安いけど、物価は高いですね。

――今はどんな感じで暮らしていますか？

平日は朝5時に起床。夕食のしたくまでしておいて、6時30分ごろ仕事へ出かけます。娘は主人が学校へ連れて行きます。夕方、5時30分ごろまで仕事をして、ベビーシッターのところへ行き、娘をピックアップ。あとはご飯食べて、娘の勉強を見たり、お風呂に入ったりで終わります。週末も土曜日は、子供の習い事や掃除洗濯などで終わってしまいます。日曜日はなるべくビーチにいったり、ハイキングに行ったり、イベントづくりに励んでいますが。そういう意味では、日本やニューヨークにいるときと、生活そのものは何ら変わりはないと思います。

――それでもやはり移住してきてよかったと思う点は何ですか？

やはり、この自然です。引っ越した当初、実は「ハワイは私に合ってるのかな？」「ニューヨークが恋しいな」って思うこともしばしばありました。だから、今年の春にニューヨークに遊びに行ってみたんです。ところが、ニューヨークについた途端、「空が濁ってる！」とすかさず思いました。このハワイの素晴らしい自然に代えられるものはないと思います。いくら仕事がハードで疲れていても、帰りの車の中から見える、海に沈む夕日を見ると、「幸せだなあ」としみじみ思えます。

――ハワイで暮らすようになって初めてわかったこと、見えてきたことは何ですか？

ハワイはアメリカであってアメリカでない。さまざまアジアの国の文化がしみ込んでいる気がします。中でもとりわけ日本の文化のしみこみ方はすごい。たとえば、食文化という面においてはとくに。アメリカのスーパーで納豆やこんにゃく、やきそばなどはふつうに売られています。ニューヨークでは韓国人経営のデリなどでは買えたものですが、スーパーには売ってなかったんですよ。それと言葉も。おしっこのことを「しーしー」と言ったり、着古した服を「ぼろぼろ」と言ったり。お正月になるとスーパーに「みずな」がたくさん登場します。というのも多くの人がお雑煮を作るからです。夏になると盆踊りが頻繁に行われています。お葬式に香典を持っていくのを垣間見たりすると、ハワイにいる日系人の人たちって、自分たち以上に日本的だなと思いますね。

だから日本人にとっては住みやすいところだと思います。ハワイの人たちは、自分たちがハワイ住民であることに対して誇りを持っていますので、そういう気持ちをリスペクトしてつきあっていくことが大切です。

気候などからすれば、ここはパラダイスです。でも生活していくとなるとなかなか厳しいところもあります。一般に、給料は安いので、共働きは当たり前です。2つ以上の

仕事を掛け持ちしている人だって珍しくありません。ハワイの人たちはかなり働き者です。

――仕事面ではどうですか？

2001年のテロ事件以来、ハワイの観光は打撃を受け、観光客をメインターゲットにしている私の会社のビジネスも多大なダメージを受け、去年から3回くらいリストラがありました。幸い、どうにか仕事をキープすることはできましたが、人が少なくなった分、仕事の量が増えたのも事実。でも、私個人レベルでいうと仕事は順調です。ニューヨークではクリエイティブな仕事をしていて、ハワイではそういう仕事につくことは無理だと考えていましたが、運良く、ほぼ同種の仕事をしています。女性の上司2人と仕事をしているのですが、とても理解のある上司たちなので、娘のことで早く帰宅しなければならないときなども、快く了承してくれます。オフィスの窓からは海が見えます。海を見ながら仕事ができるなんて、本当に夢みたいです。

――ハワイへ移住したいと思っている人たちへのアドバイスをお願いします。

ハワイはなんといってもアメリカなので、住むにはグリーンカードが必要です。その取得方法はいろいろあるようですが、どれも時間とお金がかかるプロセスです。ハワイは日本語が通じるとはいえ、暮らすとなると、英語が話せ、理解できるということは必須です。あと、車も必須です。仕事はグリーンカードを持っていれば、日本語を話せる日本人は重宝されます。しかし、給料は安いので、それなりの覚悟は必要です。そういうことを考えると定年後のリタイヤするのに向いているかもしれませんね。

費用に関しては、いろんなパターンがあるので一概には言えませんが。私たちはこんな感じでした。

・家賃$1200（契約時に保証金としてさらに$1200必要）
・車$3000（ローンの頭金）
＊車の保険月$130（2台分）
・家具／電気器具／その他生活必需品$3000（家具はほとんど中古）
・ガソリン代月$100くらい
・食事月$400くらい
・光熱費月$200くらい

ちなみに、ハワイに来てから住むところを決めるのであれば、住むところが見つかるまでのホテル代が必要ですし、車を買うまで、レンタカーが必要なら、その費用が加算されます。

ロタ島に移住した林万記さんのケース

林 万記さん（32歳）

次に紹介するのはロタ島へ移住した林さん。ロタはサイパンとグアムの間にある島で、サイパンと同じミクロネシア連邦の一つである。サイパンよりは小さく、約3000人の島民が暮らしている。ロタブルーと呼ばれる海の美しさ、透明度はマリアナの島々の中でも一番だと言われているロタで、「セレナマリンサービス　ロタ」を営んでいるのが林さん。ロタの海を知り尽くした日本人ダイビングインストラクターの一人である。林さんに現地での暮らしぶりを話していただいた。

——ロタへの移住のきっかけは何だったのですか？

もともと海が好きで一時期は種子島に暮らし、マリンスポーツに係わる仕事をしていました。種子島からいったん東京へ戻り、マリンスポーツ系の求人情報をチェックしていたところ、たまたまロタのバウバウホテルというところが、3年任期でダイビングスタッフを募集していたのです。それで、1回、海外へ行ってみるのも面白そうだなと思い、応募し、そのままロタへ渡った次第です。ちょうど22歳のときでした。

——ロタ島について教えていただけますか？

PROFILE
林 万記（はやしかずよし）
1970年5月生まれ。東京都出身。16歳の頃から海の魅力に取りつかれ、ダイビングにハマる。マリンスポーツ系の専門学校を卒業し、種子島でしばらく暮らしながら、働く。ロタへ移住したのは1992年のこと。当初は地元ホテルのダイビングスタッフとして働くが、後にダイビングサービスショップを開業。
家族：妻の久実さん、長男海斗くん（4歳）、次男星弥くん（1歳）

ロタ島はちょうどグアムとサイパンの中間に位置しています。日本から飛行機で行くにはグアムかサイパンで乗り継ぐことになります。だから日本からだと約４時間30分ほどかかりますね。常夏の島で平均気温は27度くらい。日本の夏のように蒸し暑くはなく、過ごしやすいです。伊豆大島とほぼ同じくらいの大きさで、チャモロ人、フィリピン人、そしてそれ以外の外国人が暮らしています。アメリカの自治領の北マリアナ連邦に属しています。ですから、貨幣は米ドルです。

――ロタでそのまま居ついてしまおうと思ったのはどうしてですか？

ホテルのツアーデスクに入り、ダイビングインストラクターとして働き始めて、２年くらい経った頃から、ここに残ろうかなという気持ちが出てきました。その頃はまだダイビングサービスのショップもグアムやサイパンのように多くはなかったので、お客さまが島へ来てもあらかじめ予約をしていないと、ダイビングができないような状況だったんです。だったら、自分たちがダイビングショップを始めて、お客さまの受け入れができる体制をとってもいいんじゃないかと。それで３年の任期を経て、ホテルを辞め、96年に「セレナマリンサービス　ロタ」をスタートさせました。

ダイビングのスタイルが自分に合っていたところも魅力でした。サイパンやグアムのように大量に観光客の方が押し寄せる島ではないので、その分、一人ひとりとじっくり〝つきあいながら〟ダイビングポイントへお連れできる。つまり、その人に合ったダイビングをしっかり提供できるわけです。

それと、現地のチャモロ人の人柄や島の気候、水が飲めるという安心感も、自分にとってはとても魅かれるものがあったし、何よりやはり海の美しさはどこと比べても負けていない。そのあたりがこの島へ残りたいという気持ちにつながっていったんだと思い

ます。

――でも、海外で独立開業するというのは何かと大変だったのでは？

そうですね。資金をどうするかが一番の課題でしたが、現地の人にパートナーとして協力してもらって、現地の銀行からお金を借りました。3年間、ロタで暮らしていたので、地元にも何人か友だちはできていましたから。日本人だけで商売を始めようとするのはなかなか難しいですね。移民局から書類が下りなかったりします。ですから、やはりパートナーとして、地元の人に協力してもらうことが必要なんです。ただし実際にショップを開業し、お金の出入りがあると何かとトラブルもあったりして、今までにパートナーは2回変わっているんですよ、実は。

ショップは2000年3月に、目の前にビーチがあるところへ引っ越し、リニューアルしました。といっても、自宅の庭先に店とくつろぎスペース、トイレ、シャワーを設置したという感じで、なるべくお金をかけないようにはしました。でも、ビーチが本当に近いので、ダイビングの間にスノーケルやビーチ遊びを楽しんでもらうこともできるので、ロケーションとしては最高だと思います。

お客さまは、ホテルでガイドをしていたときのお客さまに対して「今度ダイビングショップをロタで始めるので、ぜひ来てください」とDMを出したり、旅行会社へ営業したりして獲得の努力をしました。その甲斐もあって、現在お客さまの約9割が日本人です。

――ところで、英語は大丈夫だったんですか？

いえ全然（笑）。ホテルに勤めている頃は、日本語で全然大丈夫だったんですが、独立を考え始めた頃から、徐々に覚えていったという感じです。最初は話すことができな

くても、何とかなるモンです。ここで暮らしていくうちにちゃんと話せるようになったわけですから。

——お子さんが2人いらっしゃいますが、どんな暮らしをされているんでしょう?

晴れればビーチへ子どもたちを連れていってます。とにかくどこも広いので裸足で駆けずり回ってますよ。子どもたちにはとてもいい環境だと思います。昔の日本みたいに隣近所のおじさん、おばさんがけっこう子どもたちを見てくれているので、島中が家族みたいな感じです。

上の子どもは今、民間の保育園に入っているんですが、小学校も私立に入れようかなと思っています。問題は高校からですね。グアムに行かせることになるのかなとは思っています。教育問題は確かに一つの課題ですね。

——不便を感じることはありますか?

仕事でボートを使うわけですが、エンジンのパーツがないとか、消耗品が足りなくなったといっても、すぐに取り寄せられない不便さはあります。日本のものは高いですが、必要最小限のものは何とか揃えられます。まあ、なければないなりにやっていけるモンなんですけれどね。ただ、服を買うところがないため、カタログショッピングなどで取り寄せることはあります。

あと、いい歯医者がない。だから、たまに日本へ帰国したときに、まとめて治療してもらうようにしています。それと、お客さんとして来られる日本人は多いのですがロタで暮らしている日本人がまだまだ少ないので、そういう寂しさはあります。

——では、海外の南の島へ移住を考えている人にアドバイスをお願いしたいのですが。

そうですね。開業というのは基本的に日本でするのとそんなに変わらないと思います。

ただ、まったく知らない土地なので、現地の人の協力を仰ぎながら、進めていくことが何より大事です。

　いずれにしてもまず、その島が自分に合っているかどうかが重要なポイント。少しのんびりしながら、いくつかの島をまわり、現地の日本人の話などを聞かれるのが一番だと思います。

　ちなみにロタ島は、ダイビングをするのには最高です。興味がある人はぜひ訪ねてみてください。

資料

島へ移住するための生活関連情報

鹿児島県南部の島々（大隅諸島）

種子島

九州南端の佐多岬から南方約43㎞、鹿児島市から115㎞の洋上に位置する。種子島は鉄砲伝来の島として歴史的な由来を持つと同時に、日本の科学技術の粋を集めた種子島宇宙センターがある、まさに歴史と未来が共存している島だ。島の中央に背骨状の丘陵山地が連なり、南部地域にはかなり広い沖積地。大部分は段丘台地であり、最高地点でも海抜282mとなだらかな地形を成している。

■各市町の特色

西之表市は種子島の北部に位置し、古くから南方ルートの港町として栄えた。現在は国・県の行政機関が集まっており、島全体の中心地となっている。

中種子町は種子島の中央。東西を海にはさまれ、ゆるやかな丘陵を成している。日本一の大ソテツがあり、日本一の超早場米の産地でもある。

南端にある南種子町は、起伏の多い丘陵地で中央台地は海抜200m、極めてゆるい傾斜の畑地が多い。

■面積・周囲・標高（西之表市、中種子町、南種子町含めて）

面積は447・10㎢。周囲186・1㎞。標高は282m。

■人口

約3万5000人。

■気候

気温は四季を通じて温和。夏は南よりの風、冬は北西の季節風がいくぶん強いものの、年間平均気温20℃の温暖な亜熱帯性。

■暮らしぶり

3月初旬、島では苗代の準備をする農家の姿があちこちに。里山も山桜で白く染まる。この時期はツワブキ、タラの芽、アザミ、岩ノリなど山海の幸に恵まれる。5月になると一斉にフリージアが咲き誇る。最近では、サーフィンのメッカとして注目されている。

☆医療機関／病院、歯科医院、薬局が揃っている。

☆学校施設／幼稚園・保育園数カ所、小学校、中学校も各地区にあり。高校もある。

☆店舗／西之表市には、スーパー8軒、商店も170軒以上。一般的な本土の地方都市と変わらない。欲しいものはだいたい手に入る。中種子町にはスーパー、食料品・雑貨店が約30軒。南種子町にもスーパー、商店が揃っている。

■産業&仕事の状況

日本一の早場米をはじめ、カライモ（さつまいも）、サトウキビなどが生産されている。肉牛の飼育も盛んで、島内を歩くとあちらこちらに牛舎をみかける。他にカライモで育てた黒豚も飼育されている。

海流の関係で近海は良好な漁場になっている。最近はエビやウナギの養殖、トコブシの稚貝の飼育などにも力を入れている。イキのいい魚だけでなく、加工食品なども特産品として年々盛んになっている。その他、森林組合では、山菜加工場を設置し、島内外の人たちに島の香りを届けている。

■**交通の便**

●海の交通／▼鹿児島県・港北埠頭から①超高速船「トッピー」で西之表港へ1時間35分。夏ダイヤ、冬ダイヤあり。②フェリー「出島」で西之表港へ約4時間、1日1便。③フェリー「第2屋久島丸」で西之表港へ3時間30分、2日に1便。

▼宮崎港から超高速船「トッピー」で西之表港へ約2時間、1日1便。▼屋久島宮之浦港からフェリー「第2太陽丸」で島間港へ1時間20分、1日1便。

●空の交通／大阪伊丹空港から種子島空港へ約1時間30分、1日1往復。鹿児島空港から種子島空港へ約35分、1日5往復。

■**移住者の移住状況&受け入れ状況**

▼西之表市／受け入れ体制については、現在未整備ではあるものの、実際に何人ものIターン者が暮らしており、その大半が同市企画課のお世話になっている。職種によってはすぐに対応してもらえる。

▼中種子町／若者など定住団地の分譲造成計画がある。

▼南種子町／現在、町内で約100人のIターン者が暮らしている。全国有数のサーフスポットがあるせいか、サーファーのIターン者が多い。地方定住奨励家賃補助金支給条例もあり。

■**移住者のための相談窓口**

西之表市企画課
☎0997・2・1111

中種子町開発課・企画課
☎0997・7・1111

南種子町観光課・企画課
☎0997・6・1111

屋久島

九州佐多岬から南へ約70㎞、ほぼ円形に近い隆起花崗岩の山岳島。島の中央には、九州最高峰の宮之浦岳をはじめ、永田岳、栗生岳など1000m級の高峰が40座以上もそびえ、洋上アルプスとも言われている。樹齢7200年の巨樹「縄文杉」を代表とする屋久杉原生林はあまりに有名。サルやシカなど野生動物や昆虫類も生息する、その豊かな自然環境は世界的にも評価され、平成5年に青森・白神山地と並んで日本初の「世界自然遺産」に登録されている。

■**面積・周囲・標高**

面積は504・55㎢。周囲132㎞。標高は宮之浦岳1935m

■**人口**

約1万人。

■**気候**

年間1万ミリにものぼる降水量。年平均気温は19・1℃。標高2000m級の宮之浦岳では、冬季になると3～4mの積雪がある。ちなみに植物分布では海岸から500mまでが照葉樹林帯、1000mまで屋久杉帯、山頂部が高山帯となっており、亜熱帯から亜寒帯におよぶ植物の垂直分布が見られる。

■**暮らしぶり**

電気・水道の普及率はほぼ100%。屋久島全体の年間総発電量の70%は水力発電でまかなわれている。風力発電施設の導入も検討されている。屋久町の電力は九州電力ではなく、屋久島電工株式会社という独自の電力会社が供給しているため、他の島や本州などに比べて電気代が高くなっている。停電も多い。

☆医療機関／上屋久町には島内唯一の総合病院（屋久島徳州会病院）がある。ほかに診療所が数カ所あり。屋久町には町営診療所（栗生・尾之間）に医師が各1人ずつ常勤。ほかに民間診療所が5カ所（うち歯科医が3カ所）ある。急患は自衛隊のヘリコプターを要請し、鹿児島市内の病院へ搬送する。

☆学校施設／上屋久町には、小学校、中学校が数校ある。高校は屋久島高校が唯一。屋久町にも小学校、中学校が数校。校区が広いため、子どもたちは島内を走るバスで通学している。

☆店舗／上屋久町には、スーパー数軒ほかレストラン、喫茶店、食堂、商店なども揃っており、一通り何でも揃う。屋久町にはスーパー2軒ほか、商店が数軒あり。生活の必需品がなくて困ることはほとんどない。

■産業＆仕事の状況

観光を主とする第3次産業が約56％、次いで商店など第2次産業が25％、農業が16％、漁業が3％。世界遺産に登録されてから、観光客が急増している。

■交通の便

●海の交通／▼鹿児島県・港北埠頭から①ジェットホイル「トッピー」で指宿港または種子島西之表港経由、宮之浦港へ2時間30分、1日3便。②種子島西之表港で乗り継ぎ、安房港へ2時間35分、1日1便。③フェリー「屋久島」で宮之浦港へ3時間45分。1日1便。④フェリー「第2屋久島丸」で宮之浦へ4時間、2日に1便。

●空の交通／鹿児島空港から屋久島空港へ約40分、1日4～5便。

■移住者の移住状況＆受け入れ状況

上屋久町では定住促進対策事業を展開。花嫁対策、1次産業後継者不足の解消などの手だてとしている。屋久町では特に定住促進のための事業は展開していないが、Iターン者はここ数年増加傾向にある。新規就農者は県内で最も多い。タンカンやポンカンの栽培などに従事する人が多いようだ。また、世界遺産に登録されて以来、Iターン者が観光ガイドの職に就くケースも増えている。

■移住者のための相談窓口

上屋久町企画調整課
☎０９９７４・２・０１００
屋久町観光水商課
☎０９９７４・６・３２２１

口永良部島（くちのえらぶじま）

屋久島の西方約12kmの海上に位置する火山島。丘陵は緑に覆われている。

■面積・周囲・標高

面積は３８・０４km²。周囲49・7km。
標高は古岳６５７m

■人口

約１６０人。

■暮らしぶり

☆医療機関／町立（上屋久町）の診療所が一つあり、看護師1人が常駐。月に2回、地元医師と鹿児島の医師が巡回診療。医師不在の時には、地元病院と遠隔問診システムによる治療を行う。

☆**学校施設**／小学校、中学校各1校。いずれもクラスが少なく、複式授業。

☆**店舗**／商店数軒あり。

■産業＆仕事の状況

薬草のウコンやシイタケの栽培、タケノコ加工。畜産が農家収入の8割。

■交通の便

●海の交通／▼屋久島・宮之浦港から「フェリー太陽」で口永良部港へ1時間40分。1日1便。

■移住者の移住状況＆受け入れ状況

口永良部島永住促進住宅設備事業あり。

■移住者のための相談窓口

上屋久町企画調整課

☎09974・2・0100

鹿児島県南部の島々（奄美群島）

奄美群島は、鹿児島県本土と沖縄本島の間に位置し、亜熱帯海洋性の常夏の8つの島（奄美大島・喜界島・加計《かけ》呂麻《ろま》島・請島《うけしま》・与路《よろ》島・徳之島・沖永《おきの》良部島《えらぶしま》・与論島）から成っている。

奄美大島

この島を発見したヨーロッパ人がサンタ・マリア島と名付けたほど、美しい。鹿児島から南へ約380㎞。北部はなだらかで美しい海岸線が続き、南部は亜熱帯の樹木が鬱蒼と茂っている。未開の原生林にはアマミクロウサギをはじめ、貴重な動植物が多い。

奄美大島は名瀬市、龍郷町、笠利町、大和村《やまとそん》、宇検村《うけんそん》 住用村《すみようそん》、瀬戸内町の自治体で構成されている。

■各市町村の特色

●名瀬市

奄美大島の中心地で、国や県の行政機関や銀行・商店が集中している。想像以上に都会で、初めて訪れる人の多くは驚く。市内には観光スポットも揃っている。

●龍郷町

奄美大島北部の町。急峻な山が海岸近くまで迫る地形が目立つ。大島紬発祥の地と言われており、紬産業が盛ん。サトウキビと合わせてスターチス、タンカンなどの花卉・果樹の栽培もなされている。マリンスポーツのメッカとしても有名。

●笠利町

奄美大島の最北端。町の中央部を南北に走る笠利山地によって、ゆるやかな台地が続く東海岸と、海岸まで山が迫る西海岸地帯とに分かれる。奄美空港はこの町にある。

●大和村

奄美大島の中央部に位置する。東シナ海側。白い砂浜と変化に富んだリアス式海岸、広葉樹林など豊かな自然に満ちている。

●住用村

奄美大島の太平洋側、東南部に位置する村。住みよい地区であることを願ってつけられた村名だ。現在は14の集落がある。総面積の94％は急峻な山地。神屋原生林は、天然記念物に指定され、マングローブ群生地は国定公園に指定されている。

●宇検村

奄美大島の西南部に位置する。東西

に走る連山が焼内湾《やきうち》を囲み、入り江の奥に14の集落が点在している。とりわけ昔ながらの奄美が各所で感じられる村。他の奄美の市町村に比べて多少不便はあるものの、自然に囲まれて暮らしたいと移住してくる人も多い。

●瀬戸内町

奄美大島南部。加計呂麻島との間に大島海峡があり、典型的なリアス式海岸の美しい景観が見られる。

■面積・周囲・標高

島全体で面積719・88㎢。周囲461・0㎞。標高は湯湾岳694m

■人口

島全体で人口約7万4000人。

■気候

亜熱帯海洋性の常夏の島。東洋のガラパゴスと言われ、アマミノクロウサギ、ルリカケスといった特別天然記念物が生息している。マングローブ、原生林も圧巻。

■暮らしぶり

物価は鹿児島市内に比べて若干高い。商店は1000軒以上揃っているので、日常的に必要なものは不便なく揃えられる。上下水道も完備されている。

☆医療機関／名瀬市を中心に、いくつか病院は揃っている。歯科診療所も多い。福祉施設も充実している。

☆学校施設／名瀬市には小中校が各地区にあり。高校も4校。奄美初の高等専門学校である奄美看護福祉専門学校も平成7年に開校。看護学科と社会福祉学科に加え、薬草学科と調理師養成学科がある。その他の町村にも、小学校、中学校が各地区にある。

☆店舗／名瀬市にはスーパー、商店併せて1000軒以上。生活に困ることはない。

■産業&仕事の状況

名瀬市の産業の約7割が第3次産業。年間20万人以上もの観光客が訪れる観光地である。伝統工芸では大島紬が有名。1300年の伝統を誇る本場大島紬は、現在もなお奄美大島の重要な基幹産業である。

龍郷町は大島紬発祥の地であり、やはり紬産業が盛ん。サトウキビ、スターチス、タンカンなどの花卉・果樹の栽培も行われている。

笠利町でもサトウキビ、花、メロンなどの生産が行われている。同町は男性用紬の産地であり、大島紬を代表する亀甲柄の産地としても知られている。

大和村では、2月中旬になるとスモモ（奄美プラム）の花が満開となり、果樹園は見事なまでに白一色。村は果樹の村おこしを進めており、ビワ、スモモ、パッションフルーツ、ポンカン、タンカンの生産に力を入れている。

住用村の基幹産業はポンカン、タンカンなど果樹栽培を中心とした農業。特にタンカン栽培は県下でも有数。また住用村で産出するマツ・クス・シタジイなどの木材を使った木工家具もある。

宇検村ではタイやフグ、クルマエビ、ヒラメの養殖が盛ん。木蝋の原料となるハゼの植栽も進められている。また、第3セクター「(株)宇検村元気の出る公社」が村内産のサトウキビを使って、黒糖を製造販売している。

瀬戸内町は、近年、電照菊栽培が盛んになってきているが、ダイビングや釣りを目的とした観光客を対象とした第3次産業があくまで中心となっている。

■交通の便

●海の交通/▼東京港有明埠頭から那覇行きフェリー「ありあけ」で志布志港経由、名瀬新港へ37時間、週1便。▼神戸港から那覇行き客船「ニューあかつき」で大阪南港かもめ埠頭・宮崎港経由、名瀬新港へ31時間、月に5~6便。▼鹿児島新港から那覇行きフェリー「なみのうえ」「あけぼの」で名瀬新港へ11時間、2日に1便。鹿児島新港から那覇行きフェリー「クィーンコーラル」で名瀬新港へ11時間20分、2日に1便。▼鹿児島新港から徳之島・沖永良部島行きフェリー「きかい」「あまみ」で喜界島経由、名瀬新港へ13時間40分、週5便。

●空の交通/▼羽田空港から奄美空港へ2時間15分、1日1便。▼伊丹空港から奄美空港へ1時間40分、1日1便。関西空港から奄美空港へ1時間35分、1日1便。▼鹿児島空港から奄美空港へ55分、1日6便。

■移住者の移住状況&受け入れ状況

●名瀬市/現在、50人以上のIターン者がいる。名瀬市では「定住促進計画」を策定し、平成11年度から本格的な受け入れを開始している。「農業後継者育成事業」によって、次代の農業の担い手たちも支援している。

●龍郷町/名瀬市から車で20分のため、名瀬市へ働きに出る人が多い。同町では現在、定住促進対策事業は行っていないが、Iターン者も少なくない。

●笠利町/企業誘致の促進や総合運動公園の整備など、若者定住促進等緊急プロジェクトの計画を実施している。Iターン者の多い町である。

●大和村/後継者確保を目的に、定住促進条例が平成6年度から施行されている。村に永住または10年以上居住する意志のある人に定住奨励金、住宅家賃助成金、結婚祝い金、出産祝い金、育児助成金などを交付している。

●住用村/定住促進条例があり、定住奨励金や家賃助成などを行っている。

●宇検村/定住促進条例などはないが、Iターンして漁業や農業に従事している人たちが暮らしている。

●瀬戸内町/Iターン者は徐々に増えている。菊栽培や漁業、エコツアーガイドなどで生計を立てている人が多い。

■移住者のための相談窓口

名瀬市企画調整課
☎0997・52・1111

龍郷町役場企画課
☎0997・62・3111

笠利町役場企画観光課
☎0997・63・1111

大和村企画課
☎0997・57・2111

住用村企画管財課
☎0997・69・2111

宇検村建設課・企画課
☎0997・67・2211

瀬戸内町企画観光課
☎0997・2・1111

加計呂麻島（かけろまじま）

奄美大島の南部、瀬戸内町の南にあり、大島海峡をはさんで奄美大島と向かい合っている。総面積の88％が林野。耕地面積はわずか1・6％。

■面積・周囲・標高
面積77・15㎢。周囲147・5㎞。標高は加崎岳326ｍ

■人口
人口約1760人

■気候
亜熱帯海洋性の常夏の島。

■暮らしぶり
マイクロバスを改造した移動販売車が生鮮食料品を積んで、毎日各集落をまわっている。その他、移動図書館やデイケアなどのサービスもあり。集落内の道には先を赤く塗った長さ2ｍほどの「ハブ用心棒」が立てかけてある。平成9年に加計呂麻トンネルが開通したことにより、島全体の交通はかなり便利になった。

☆医療機関／徳州会病院がある。特別養護老人ホーム「加計呂麻園」もある。
☆学校施設／保育所3カ所、小学校、中学校、小中併設校あり。
☆店舗／雑貨店は10店舗ほど。

■産業＆仕事の状況
製糖工場があり、黒糖を生産。紬織りも営まれている。知之浦の湾内では大手真珠会社によって真珠養殖が行われている。漁業は追い込み漁が中心。

■交通の便
●海の交通／▼奄美大島・古仁屋《こにや》港からフェリー「かけろま」で瀬相《せそう》港へ25分。1日4便。▼古仁屋港からフェリー「かけろま」で生間《いけんま》港まで20分、1日3便。▼古仁屋港から渡船「平祐丸」で知之浦《ちのうら》港経由・芝港へ35分、1日1便。▼古仁屋港から「大浦丸」で武名《たけな》港、木慈《きじ》港、瀬武《せたけ》港経由、薩川《さつかわ》港へ54分、1日1便。

■移住者の移住状況＆受け入れ状況
都会からのIターン者は何人かいる。追い込み漁やダイビングショップ経営で生計を立てている。行政からの支援事業は特にない。

■移住者のための相談窓口
瀬戸内町企画観光課
☎0997・2・1111

請島（うけしま）

加計呂麻島の南。瀬戸内町の中心地・古仁屋から海路およそ21㎞に外洋性の島。総面積の90％が山林となっている。

■面積・周囲・標高
面積13・7㎢。周囲24・8㎞。標高は大山398ｍ

■人口
人口約220人。

■気候
亜熱帯海洋性の常夏の島。

■暮らしぶり
集落内の道には先を赤く塗った長さ2ｍほどの「ハブ用心棒」が立てかけてある。ハブが出たらこの棒でたたく。

☆医療機関／町立診療所で巡回診療がある。

☆学校施設／小学校、中学校が1校ずつ。

☆店舗／食料品店2軒。

■産業&仕事の状況

若い人たちが定着しており、畜産に積極的に取り組んでいる。肉用牛と豚の飼育が盛ん。瀬戸内町の他の集落と比較しても経済力があり、所得が高い。

■交通の便

●海の交通／▼奄美大島・古仁屋《こにや》港から与路島行き旅客船「せとなみ」で請阿室《うけあむろ》港へ55分、さらに池地《いけじ》港へ9分、1日1便。

■移住者のための相談窓口

瀬戸内町企画観光課
☎0997・2・1111

与路島（よろしま）

加計呂麻島の南へ続く請島の西方4㎞の洋上に位置する。総面積の90%が山林。熱帯植物が生い茂り、南国の香りを漂わせている。長さ数十メートルにも及ぶサンゴの石垣が集落のあちらこちらで見られる。奄美唯一の1島1集落の島。昭和51年度にはハブ撲滅事業モデル地区設定の一環として、島内環状道路が建設された。

■面積・周囲・標高

面積9・48㎢。周囲18・4㎞。標高は大勝山297m

■人口

人口約170人。

■気候

亜熱帯海洋性の常夏の島。

■暮らしぶり

☆医療機関／町立診療所で巡回診療がある。

☆学校施設／小学校、中学校が各1校。

☆店舗／食料品・雑貨店が数軒。

■産業&仕事の状況

ソテツ生産組合がある。和牛の生産も盛んで放牧も営まれている。

■交通の便

●海の交通／▼奄美大島・古仁屋港から旅客船「せとなみ」で請島経由、与路港へ1時間45分、1日1便。

■移住者のための相談窓口

瀬戸内町企画観光課
☎0997・2・1111

喜界島（きかいじま）

鹿児島から南へ383㎞、奄美大島の東25㎞の洋上に浮かぶ隆起さんご礁の島。今も年に数ミリずつ上昇を続けている。サンゴの石垣に囲まれた集落が島のあちこちで見られる。サトウキビ畑が広がり、放牧が盛ん。

■面積・周囲・標高

面積56・87㎢。周囲50・0㎞。標高は百之台204m

■人口

人口約9000人。

■暮らしぶり

車は5000台以上走っているのに、信号機は一つもない。島内のバスはどこまで乗っても200円。湾を基点に島内を一周。喜界町図書館は蔵書約5万冊。毎月図書館便りも発行。子ども向け紙芝居を催したりなど、図書館が島の人々の憩いの場になっている。

☆医療機関／病院、診療所が6カ所、

歯科医院が3カ所。
☆**学校施設**／小学校、中学校あり。
☆**店舗**／食料品・雑貨店は80軒ほど。他にレストランや食堂なども十数件あり。

■**産業&仕事の状況**
サトウキビの栽培が島の基幹産業になっている。

■**交通の便**
●海の交通／▼鹿児島新港から徳之島・沖永良部島行きフェリー「きかい」「あまみ」で湾港へ11時間10分、週5便。▼奄美大島・名瀬新港からフェリー「きかい」「あまみ」で湾港へ2時間、週5便。
●空の交通／鹿児島空港から喜界空港へ1時間15分、1日2便。奄美空港から喜界空港へ20分。1日3便。

■**移住者のための相談窓口**
喜界町企画観光課
☎0997・65・1111

徳之島（とくのしま）

鹿児島本土から南々西へ約468kmの海上に浮かぶ。奄美群島のほぼ中央に位置する。徳之島町、天城町、伊仙町の3町から成る。この島の特色は何といっても闘牛。大会が年3回、1月・5月・10月に開催される。

■**面積・周囲・標高**
島全体の面積247・91km²。周囲89・2km。標高は井之川岳645m。

■**人口**
人口約3万人。

■**気候**
亜熱帯海洋性で四季を通して温暖多湿、年間平均気温は20℃をくだらない。降水量は年間2000ミリを超える。夏季は台風や干ばつに見舞われ、農作物に被害がおよぶことも多い。

■**暮らしぶり**
毎年、台風の襲来で農作物に大きな被害を受ける。サトウキビの収穫、バレイショなどの収穫では、ユイの精神（助け合い励まし合う）が発揮されている。とりわけ伊仙町の町では、季節の食べ物が手作りで昔ながらに店頭に並ぶ光景が見られる。

☆**医療機関**／各町に数カ所ずつ、病院、診療所、歯科医院あり。徳之島町には眼科医院もある。
☆**学校施設**／小学校、中学校、高校あり。
☆**店舗**／スーパー、商店、食堂、喫茶店はいずれも充実している。

■**産業&仕事の状況**
農業に従事している人々が多い。島の基幹産業はサトウキビ。収穫したサトウキビを圧搾して砂糖に製品化する工場もある。

■**交通の便**
●海の交通／▼神戸港から那覇行き客船「ニューあかつき」で大阪南港かもめ埠頭・宮崎港、奄美大島名瀬新港経由、亀徳港へ34時間50分、月に5〜6便。▼鹿児島新港から那覇行きフェリー「なみのうえ」「あけぼの」で奄美大島名瀬新港経由、亀徳港へ15時間10分、2日に1便。▼鹿児島新港から那覇行きフェリー「クイーンコーラル」で奄美大島名瀬新港経由、亀徳港へ15時間30分、2日に1便。▼鹿児島新港からフェリー「きかい」「あまみ」で喜界島、奄美大島名瀬新港、古仁屋港経由、平土野《へとの》港へ18時間40分、週5便。▼那覇港から鹿児島行きフェリー「なみのうえ」「あけぼの」で本部《もとぶ》港・与論島・沖永良部島経由、亀徳港へ9時間、2日に1便。

●空の交通／鹿児島空港から徳之島空港へ1時間、1日2便。奄美空港から徳之島空港へ30分、1日2便。

■移住者のための相談窓口

徳之島町企画課

☎0997・82・1111

天城町役場企画課

☎0997・85・5149

伊仙町企画課

☎0997・86・3111

沖永良部島（おきのえらぶじま）

鹿児島から南へ536km、全島が隆起さんご礁でできた平坦な島。1～6月にかけてはフリージアやユリ、グラジオラスなどの花々が咲き乱れ、年間を通して美しい自然が楽しめる。奄美群島の中では珍しく、ハブのいない島でもある。自治体は和泊町と知名町。

■面積・周囲・標高

面積93・62km²。周囲55・8km。標高は大山240m

■人口

人口約1万5000人。

■気候

亜熱帯海洋性の常夏の島。年間平均気温22℃。

■暮らしぶり

水は地下約100mのところから汲み上げて自然流下で各家庭へ給水。沖永良部では地下水系を「暗川（くらごう）」という。鍾乳洞や湧き水が多いため、地下水は豊富。断水したことはない。

☆医療機関／和泊町には内科、外科、歯科医院が数カ所あり。特別養護老人ホーム、デイケアセンターもある。知名町にも総合病院、医院、歯科医院あり。急患は名瀬市の県立大島病院へ、ヘリコプターで搬送する。

☆学校施設／小学校、中学校あり。県立沖永良部高校もある。

☆店舗／スーパー、レストラン・食堂、喫茶店。居酒屋など揃っている。

■産業＆仕事の状況

切り花の出荷額は九州一を誇っており、花づくり農家の平均年収は1000万円以上。Uターン者も多い。従来からあったエラブユリやフリージアなどの球根栽培も主要作物として、島の経済を支えている。さとうきびを中心に花卉園芸、輸送野菜、肉用牛を組み合わせた複合経営が定着している。

■交通の便

●海の交通／▼鹿児島から船で17時間30分～18時間。▼那覇港から船で6時間～6時間40分。

●空の交通／▼鹿児島から飛行機で約1時間30分、1日3便。奄美大島から飛行機で30分、1日1便。

■移住者の受け入れ状況

和泊町に住みたい人のための情報誌を発行している。Iターン者も多い。知名町にはファームサラリー制度という新規就農者に対し、一定期間月給を支払ってくれる制度がある。実際、福岡から脱サラして移住してきた家族がいる。花づくりで生計を立てている。

■移住者のための相談窓口

和泊町企画課

☎0997・92・1111

知名町役場企画課

☎0997・93・3111

与論島（よろんとう）

鹿児島から南へ590km、沖縄本島最北端・辺戸岬から北へ21kmの海上に浮かぶ隆起さんご礁の島。年間8万人もの人々が島へやってくる、世界的なリゾートアイランドである。

■面積・周囲・標高

面積20・49km²。周囲23・7km。標高は97m。

■人口

人口約6100人。

■気候

亜熱帯海洋性の常夏の島。年平均気温23℃。

■暮らしぶり

温暖な気候とのんびりした風土、恵まれた自然環境である。その魅力にとりつかれて訪れる人が多い。島には長寿の人が多く、90歳以上が100人以上いる。

☆医療機関／民間病院、町立診療所、開業医院など計4施設。歯科は4カ所。

☆学校施設／幼稚園、小学校、中学校あり。県立与論高校もある。

☆店舗／スーパー、食料品・雑貨店が約30軒。レストラン、食堂が15軒ほど。居酒屋なども充実。

■産業＆仕事の状況

海水浴、ダイビング、シュノーケリングなどマリンスポーツが思う存分、楽しめるため、年間8万人もの観光客が訪れる。したがって、一番多いのはやはり観光産業。サトウキビを、野菜、花卉栽培、肉用牛飼育といった農業も島の重要な基幹産業になっている。

■交通の便

●海の交通／▼東京有明埠頭から那覇行きフェリー「ありあけ」で志布志港・奄美大島名瀬港経由、与論港へ42時間30分。▼鹿児島新港から那覇行きフェリー「クイーンコーラル」で奄美大島名瀬港・徳之島亀徳港・沖永良部和泊港経由、与論港へ20時間20分、2日に1便。▼那覇港より鹿児島行きフェリー「クイーンコーラル」で与論港へ4時間、2日に1便。

●空の交通／鹿児島空港から与論空港へ約1時間50分、1日1〜2便。那覇空港から与論空港へ40分、1日2便。

■移住者のための相談窓口

与論町企画調整課

☎0997・97・3111

沖縄諸島（東部）

南大東島（みなみだいとうじま）

南大東島は、遠く海上から眺めると、あたかも水平線上に一の字を書いたように見える。周囲は環状丘陵地を形成し、中央部はくぼんで盆地状になっているため、一見すると火山島のように思えるが、実は環礁が数回にわたって、隆起してできた隆起環礁の島。世界でもあまり例のない、特異な地形として知られている。海岸線は10～20ｍの絶壁で、島全体にアダン、モクマオウ、ススキなどが生育しており、防潮林の役目を果している。

■面積・周囲・標高

面積30・57㎢。周囲21・2㎞。標高は75ｍ

■人口

人口約1400人。

■気候

典型的な亜熱帯海洋性気候。冬も温暖で夏には海風によって暑さも和らげられる。降水量は沖縄本島や宮古島よりやや少ないものの、台風が目指す島として有名で、夏場の台風情報にはよく登場する。年平均気温は22・9℃。

■暮らしぶり

水は海水を淡水化して使っている。電話は衛星回線を使っているので多少のタイムラグがある。海岸部は高さ10～20ｍの岩礁で船が接岸できないため、定期船の下船・乗船時には、ケージ（かご）に乗り込み、クレーンに吊られて空中で運ばれる。漁船は毎回クレーンで船ごと上げ下ろしする。

☆医療機関／県立の診療所が置かれ、医師1人と看護師が派遣されている。

☆学校施設／小学校・中学校の併設校がある。

☆店舗／食料品・雑貨店は数軒、スーパー1軒。飲食店は多い。

■産業＆仕事の状況

サトウキビの栽培が島の基幹産業になっている。一戸あたりの耕地面積の広さ、国内でも数少ない大型機械化経営が注目されている。漁業はセーイカやキハダマグロ、サワラ、カジキなどが豊富にとれる漁場が近くにあるにもかかわらず、岩に囲まれた地形から、港に恵まれず、小型船での操業を余儀なくされている。

■交通の便

●海の交通／▼那覇泊港から客船「だいとう」で北大東島経由、南大東島へ16時間10分、週1～2便。「だいとう」は4日周期で運航。那覇を出発後、2日目に北大東島を経由して南大東島へ入港、3日目に南大東島～北大東島間を往復した後、南大東島を出航、4日目に那覇へ入港。

●空の交通／那覇空港から南大東空港へ1時間10分、1日2便。

■移住者のための相談窓口

南大東村総務課

☎09802・2・2036

北大東島（きただいとうじま）

隆起さんご礁でできた島。まわりをすべて断崖に囲まれ、中央はラグーンの跡で盆地になっている。南大東島と同様、1903年、八丈島出身の玉置半右衛門の会社が開発に着手、リン鉱石とサトウキビ栽培が進められた。ここも「砂糖の島」と言われるほど、一面にサトウキビ畑が広がり、機械化農業の先進地になっている。

■面積・周囲・標高

面積11・94㎢。周囲18・3㎞。標高は74ｍ

■人口

人口約530人。

■**気候**

典型的な亜熱帯海洋性気候。冬も温暖で夏には海風によって暑さも和らげられる。年平均気温は22・7℃。

■**暮らしぶり**

水は海水を淡水化して使っている。電話は衛星回線を使っているので多少のタイムラグがある。携帯電話はNTTドコモのみ。海岸部は高さ10～20mの岩礁で船が接岸できないため、定期船の下船・乗船時には、ケージ（かご）に乗り込み、クレーンに吊られて空中で運ばれる。漁船は毎回クレーンで船ごと上げ下ろしする。

☆**医療機関**／県立の診療所が置かれ、医師1人と看護師が派遣されている。

☆**学校施設**／小学校・中学校の併設校がある。北大東村では全国でも珍しい村営塾を平成5年から開設している。これは、ふるさと創生資金を活用したもの。講師は定年退職した元教師に名古屋からIターンしてもらっている。こうした環境づくりが功を奏し、子どもたちの学力も向上しているそう。

☆**店舗**／食料品・雑貨店は数軒、スーパー1軒（農協）。飲食店も数件あり。

■**産業&仕事の状況**

サトウキビの栽培が島の基幹産業。1～3月になるとサトウキビの収穫で島は活気づく。

■**交通の便**

●海の交通／▼那覇泊港から客船「だいとう」で北大東島へ約3時間。週1～2便。「だいとう」は4日周期で運航。那覇を出発後、2日目に北大東島を経由して南大東島へ入港、3日目に南大東島～北大東島間を往復した後、南大東島を出航、4日目に那覇へ入港。

●空の交通／那覇空港から北大東空港へ約55分、1日1便。

■**移住者の移住状況&受け入れ状況**

若者の定住促進事業（観光レクリエーション施設整備事業）を行っている。

■**移住者のための相談窓口**

北大東村経済課・総務課

☎09802・3・4001

伊平屋島（いへやじま）

沖縄本島の北端、辺戸岬の北西33kmにある沖縄県最北の島。東北端の田名岬から南西端のヨネ岬にいたる細長い島で、標高200mの山々が連なっている。エメラルド色のリーフと延々と続く白い砂浜が島の大きな魅力。海水浴やダイビング、釣りなどに多くの観光客が訪れている。伊平屋島の南西にあり、全長1244mの野甫《のほ》大橋で結ばれているのが野甫島。サトウキビが主産業で島全体に畑が広がっている。

■**面積・周囲・標高**

面積20・55km²。周囲42・9km。標高は賀陽山294m

■**人口**

人口約590人。

■**気候**

年間を通じて安定した温暖気候。

■**暮らしぶり**

☆**医療機関**／県立北部病院伊平屋診療所がある。急患は自衛隊ヘリコプターを要請、那覇近郊の病院へ搬送している。

☆**学校施設**／小学校・中学校が1校ずつ。学校間交流事業を積極的に行っており、北海道の小学生が夏に来島し、冬は伊平屋から派遣している。また海外体験学習として、村の中学生3人をアメリカ・オレゴン州にホームステイで派遣する事業も展開。

☆**店舗**／スーパー、商店が各集落に数軒ずつある。食堂や居酒屋などもあり。

■産業&仕事の状況

主な産業は明治23年に始まったサトウキビの栽培と、古い歴史のあるコメづくり。ほかにモズクの養殖。毎年、12〜3月の製糖期には季節工員が5〜6人製糖工場へやってくる。伊平屋村島興し会社「てるしの」という商工会、農協、漁協、地元企業から構成された第3セクターの産業推進母体があり、「空き民家コンドミニアム」の提供、特産品開発に力を入れている。

■交通の便

●海の交通／運天《うんてん》港からフェリー「いへや」で前泊港へ1時間20分、1日1〜2便。

■移住者のための相談窓口

伊平屋村企画財政課

☎０９８０・４６・２００１

伊是名島（いぜなじま）

沖縄本島の北約27kmの東シナ海に浮かぶ。標高１１９mのチヂン岳と１２０mの大野山を結ぶ山々を中心に東西へゆるやかな傾斜地が広がり、サトウキビが栽培されている。島はリーフに囲まれている。沖縄随一の養殖モズクの産地でもある。まわりの無人島（具志川島、屋那覇島、降神島）はキャンプやダイビング、釣りのメッカ。

■面積・周囲・標高

面積15・３０km²。周囲16・４km。標高は大野山《うふやま》１２０m

■人口

人口約２０００人。

■気候

年間を通じて温暖。

■暮らしぶり

集落は南北にある。昔ながらに地下水をポンプアップして利用している。

☆**医療機関**／伊是名診療所がある。急患は自衛隊ヘリコプターで那覇市内の病院へ搬送。

☆**学校施設**／小学校・中学校が1校ずつ。

☆**店舗**／スーパー1軒、商店20軒ほど。食堂や居酒屋などもあり。移動パーラー、屋台ラーメンなどもある。

■産業&仕事の状況

主な産業はサトウキビの栽培。全体の6割以上を占めている。最近、農業青年を中心にハウス栽培を導入する新しい試みも出てきた。肉用牛は減少傾向にある。

水産業ではモズクの養殖。安定した生産量を誇っている。若い人たちがUターンをして後継しているという。

■交通の便

●海の交通／運天港からフェリー「ニューいぜな」で仲田港へ50分、1日2便。

●空の交通／那覇空港から伊是名空港まで40分。1日1便。

■移住者の移住状況&受け入れ状況

平成5年に島へIターンした若者はキュウリのハウス栽培に取り組み、村営住宅で家族5人で暮らしている。伊是名村若者定住促進条例がある。

■移住者のための相談窓口

伊是名村企画調整課

☎0980・45・2001

沖縄本島（おきなわほんとう）

琉球王国だった沖縄。かつては中国をはじめ、東アジア諸国との貿易を通して栄華を築いていたが、1609年、薩摩藩の侵略によって日本の幕藩体制に組み込まれた。日本への統合、太平洋戦争、米軍統治、そして日本への復帰と波乱に満ちた歴史を歩んでいる島である。

沖縄は、北緯24度から28度、東経122度から133度までに及ぶ広大な海域に点在する160余りの島々から成っている。沖縄の島々の地形は、隆起さんご礁を中心とする平地型と、古生層からなる山地型に分かれているが、沖縄本島は南部は平地型で北部は山地型と2つの地形を有している。動植物は海に閉ざされた島だけに、固有種が多く、沖縄でしか見られない珍種も少なくない。

中心地となるのは那覇市。国際通りには観光客を対象とした商店や飲食店が軒を連ねており、一大ショッピングストリートとして賑わいを見せている。

■面積・周囲・標高

面積は沖縄本島で1204・01㎢。

■人口・世帯数

約114万人。

■気候

亜熱帯海洋性気候。黒潮の関係で冬も温暖で年間平均気温は23℃。真冬でも平均気温が16℃前後で、10℃以下に下がることはほとんどない。年間降水量は約2037ミリで、年平均湿度は76%と高温高湿。毎年数多くの台風に見舞われる。

■暮らしぶり

☆医療機関／那覇市は人口30万人ものの大都市であり、医療機関は本土の都市と何ら変わらないほど充実している。

☆学校施設／幼稚園・保育園数カ所、小学校、中学校も各地区に充実。高校もある。

☆店舗／申し分ないほど充実している。

■産業&仕事の状況

戦前はサトウキビ栽培が中心だった農業も、軍用地として土地を奪われてからは横ばい状態。最近では野菜や花卉栽培などを中心に県外出荷されるなど、新たな取り組みが行われている。第2次産業ではほぼ7割が建設業。沖縄の経済は道路や港湾などの公共投資に支えられていることがうかがえる。第3次産業は観光産業が中心となっている。人口の約3倍にあたる410万人を超える観光客が毎年訪れている。

■交通の便

●海の交通／東京の有明埠頭、大阪南港、神戸港、博多港、鹿児島港などからフェリーが随時出ている。東京からで約46時間。

沖縄県の産業別県内総生産

項目	実数(億円)			増加率(%)		構成比(%)		増加寄与度(%)	
	平成8年度	平成9年度	平成10年度	9	10	9	10	9	10
1 第1次産業	763	784	735	2.8	△6.4	2.3	2.1	0.1	△0.1
うち 農業	603	629	590	4.3	△6.2	1.9	1.7	0.1	△0.1
水産業	157	152	142	△3.0	△7.0	0.5	0.4	△0.0	△0.0
2 第2次産業	6,867	6,325	6,193	△7.9	△2.1	18.8	18.1	△1.6	△0.4
うち 製造業	2,118	2,046	2,017	△3.4	△1.4	6.1	5.9	△0.2	△0.1
建設業	4,611	4,132	4,035	△10.4	△2.4	12.3	11.8	△1.4	△0.3
3 第3次産業	27,191	27,791	28,534	2.2	2.7	82.4	83.3	1.8	2.2
うち 電気・ガス・水道業	1,106	1,146	1,161	3.6	1.3	3.4	3.4	0.1	0.0
卸売・小売業	4,321	4,474	4,659	3.5	4.1	13.3	13.6	0.5	0.5
金融・保険業	1,300	1,328	1,322	2.2	0.4	3.9	3.9	0.1	△0.0
不動産業	3,479	3,660	3,781	5.2	3.3	10.9	11.0	0.5	0.4
運輸・通信業	2,556	2,509	2,516	△1.9	0.3	7.4	7.3	△0.1	0.0
サービス業	7,889	7,977	8,188	1.1	2.6	23.7	23.9	0.3	0.6
政府サービス生産者	5,576	5,659	5,786	1.5	2.2	16.8	16.9	0.2	0.4
対家計民間非営利サービス生産者	964	1,039	1,122	7.8	7.9	3.1	3.3	0.2	0.2
4 小計(1+2+3)	34,820	34,901	35,462	0.2	1.6	103.5	103.5	0.2	1.7
5 輸入税	231	274	262	18.6	△4.4	0.8	0.8	0.1	△0.0
6 (控除)その他	139	224	219	61.0	△2.5	0.7	0.6	△0.3	0.0
7 (控除)帰属利子	1,213	1,243	1,257	2.5	1.1	3.7	3.7	△0.1	△0.0
県内総生産(市場価格)(4+5−6−7)	33,700	33,707	34,249	0.0	1.6	100.0	100.0	0.0	1.6

資料：沖縄県企画開発部統計課「平成10年度県民経済計算の概要」（平成12年11月）
沖縄の産業を支えているのは第3次産業、なかでもサービス業であることがこの表からもうかがえる。

沖縄県産業別就業者構成比

区分／年	全産業	第1次産業	第2次産業	建設業	製造業	第3次産業	卸小売業	サービス業	その他
平成8	100.0	7.3	19.9	13.5	6.4	72.4	24.9	30.5	17.0
9	100.0	7.6	20.7	14.0	6.5	71.7	23.9	31.6	16.3
10	100.0	7.0	19.8	13.9	5.9	73.4	24.4	32.3	16.8
11	100.0	7.1	19.3	5.7	13.6	73.6	23.9	32.7	17.0
12	100.0	6.9	19.5	13.5	6.0	73.2	27.1	33.0	13.1
全国12	100.0	5.1	30.6	10.1	20.5	63.7	26.7	26.7	10.3

注：数値は年平均であるが、四捨五入のため、計と内訳が一致しない場合がある。
資料：総務庁「労働力調査」（平成11年）、沖縄県企画開発部「沖縄県経済の概況」（平成12年）、
沖縄県企画開発部統計課「沖縄の統計」（平成13年）

●空の交通／東京、仙台、小松、名古屋、大阪、岡山、広島、松山、福岡、熊本、宮崎、長崎、鹿児島の各空港から随時、便が運航されている。沖縄の各離島へは那覇空港から乗り継ぐケースが多い。

■移住者の移住状況＆受け入れ状況

とくに窓口はない。仕事は本島内の公共職業安定所で検索、相談。

■移住者のための相談窓口

各市町村へ。

伊江島（いえじま）

沖縄本島の北西約9kmのところにある。中央がくびれたほぼ楕円形状の島だ。北海岸は断崖絶壁が連なり、南海岸は砂浜。島の中央から南海岸にかけて緩やかに傾斜している。島の中央やや東寄りに標高172mの城山《ぐすくやま》がそびえたち、島の東西に広がる台地に耕地が拓けている。島の周囲には美しいさんご礁があり、ダイビングのメッカとしても有名。

■面積・周囲・標高

面積24・67km²。周囲22・4km。標高は城山《ぐすくやま》172m

■人口

人口約5100人。

■気候

平均気温24・2℃。降雨量は約1600〜1800ミリ。温暖な亜熱帯気候。

■暮らしぶり

☆医療機関／伊江村医療保健センターには医科・歯科・健康相談所、医療保健総合施設もある。村立診療所もあり。

☆学校施設／小学校2校、中学校が1校。伊江小学校は沖縄県下で最も歴史の古い小学校。明治13年設立。

☆店舗／食料品・雑貨屋あり。レストラン、食堂、喫茶店も多数あり。

■産業＆仕事の状況

島の基幹産業は農業。さとうきび、花卉（キクの切り花）、葉タバコは県内でも有数の産地。野菜はインゲン、トウガラシ、黒いもなど。Uターン者も増えつつある。肉用牛、乳用牛の産業も盛ん。漁業ではソデイカ漁、もず

沖縄本島各市町村の問い合わせ先

No	市町村名	TEL
1	那覇市	098-867-0111（代）
2	石川市	098-965-5605（直）
3	具志川市	098-973-7301（直）
4	宜野湾市	098-893-4411（代）
5	浦添市	098-876-1234（内）4613
6	名護市	0980-53-1212（内）146
7	糸満市	098-992-4121（代）
8	沖縄市	098-939-1212（代）
9	国頭村	0980-41-2101（代）
10	大宜味村	0980-44-3003（直）
11	東村	0980-43-2205（直）
12	今帰仁村	0980-56-2255（直）
13	本部町	0980-47-2111（直）
14	恩納村	098-966-1203（直）
15	宜野座村	098-968-8564（直）
16	金武町	098-968-2112（直）
17	与那城町	098-978-4061（直）
18	読谷村	098-982-9200（代）
19	嘉手納町	098-956-1111（代）
20	北谷町	098-936-1234（内）288
21	西原町	098-945-4496（直）
22	東風平町	098-998-2101（直）
23	玉城村	098-949-7003
24	知念村	098-948-1311（代）
25	与那原町	098-945-2201（代）

く養殖が伸びている。

■**交通の便**

●海の交通／▼那覇泊港からジェットホイル「マーリン」で本部エキスポ港経由、伊江港へ1時間30分（直行便は1時間）、1日2～3便。▼本部港からフェリー「いえしま」「ぐすく」で伊江港へ30分、1日4便。

●空の交通／那覇空港からセスナで伊江島空港へ15～25分。1日2便。

■**移住者のための相談窓口**

伊江村企画調整課

☎0980・49・2001

慶良間諸島（沖縄県）

渡嘉敷島（とかしきじま）

那覇の西海上30㎞、慶良間諸島の東端にある。島にはビロウやモクマオウなどが生い茂り、白い砂浜が広がるなど南国の自然が美しい。水深50～60ｍにおよぶ海の透明度は世界屈指と言われており、国内有数のダイビングポイントにもなっている。春先にはザトウクジラが島の周囲を回遊し、ホエールウォッチングでにぎわいを見せる。周辺海域は沖縄県でも有数の好漁場で、小規模ながら一本釣り、はえ縄漁などが営まれている。

■**面積・周囲・標高**

面積15・29㎢。周囲19・6㎞。標高は227ｍ

■**人口**

人口約680人。

■**気候**

典型的な亜熱帯海洋性気候。

■**暮らしぶり**

約800ｍにわたって白浜が続く、阿《あ》波連《はれん》ビーチは島のメインビーチ。周辺にはペンションや民宿が約20軒、ダイビングショップが5軒ほどあり、マリンスポーツを楽しむ若者たちでにぎわう。島周辺には約20カ所のダイビングポイントがある。

☆**医療機関**／県立那覇病院付属の診療所があり、医師1人と看護師1人が常駐。

☆**学校施設**／小学校2校、中学校1校。

☆**店舗**／食料品・雑貨店、食堂、喫茶店各数軒あり。

■**産業＆仕事の状況**

ダイビングやホエールウォッチングを目的に訪れる人々を対象とした観光が島の主たる産業。

■**交通の便**

●海の交通／▼那覇泊港南岸からフェリー「けらま」で渡嘉敷港へ1時間10分、1日1～2便。▼那覇泊港北岸から高速船「マリンライナーとかしき」で渡嘉敷港へ約35分、1日2往復。

●空の交通／那覇空港から慶良間空港へ15分、1日2～3便。そこからバス運行。

■**移住者の移住状況＆受け入れ状況**

若者定住促進事業を実施。

■**移住者のための相談窓口**

渡嘉敷村総務課

☎098・987・2321

座間味島（ざまみじま）

那覇の西海上40㎞、慶良間諸島のほ

ぼ中心にある。古くから海上交通の要衝であり、唐船貿易の中継地として重要な役割を果してきた。現在でも座間味島、阿嘉島、渡嘉敷島で囲まれた内海は東シナ海、太平洋を航行する船が台風を避けるための避難港として利用されている。以前は「ケラマ節」として有名なカツオ漁業が盛んだったが、今は観光産業が主。美しい海を求めて全国から多くの人々が訪れるマリンスポーツの島となっている。特にダイビングだけでなく、最近はホエールウォッチングの島としても脚光を浴びている。

歴史的には沖縄戦での米軍最初の上陸地で、激戦地の一つとなった島だ。

■面積・周囲・標高

面積5・94㎢。周囲23・2㎞。標高は大岳161m

■人口

人口約1000人。

■気候

典型的な亜熱帯海洋性気候。

■暮らしぶり

観光のメッカで本土からダイビングなどを目的とした若者たちが集まってくる。特に夏場は島の人口が何倍にも膨れ上がる。

☆医療機関／座間味診療所は沖縄県立那覇病院の附属機関で医師は2年の交代勤務。医師1人、看護師1人、事務員1人。急患は自衛隊ヘリコプターで本島の那覇病院へ搬送する。

☆学校施設／座間味小中学校がある。一部、複式学級もある。

☆店舗／スーパー・雑貨店6軒、居酒屋3軒。

■産業&仕事の状況

ダイビングやホエールウォッチングを目的に訪れる人々を対象とした観光が島の主たる産業。

■交通の便

●海の交通／▼那覇泊港北岸から高速船「クイーンざまみ」で座間味港へ約55分、1日2〜3便。▼那覇泊港とまりん前からフェリー「ざまみ」で阿嘉島経由、座間味港へ2時間、1日1便。

●空の交通／那覇空港からセスナ機で慶良間空港へ15分、1日2〜3便。

■移住者の移住状況&受け入れ状況

民宿やダイビングショップなどでアルバイトするのは県外の人が多い。島の男性と結婚する県外の女性も多い。

■移住者のための相談窓口

座間味村むらおこし課

☎098・987・2311

阿嘉島（あかしま）

座間味港の南西約3㎞のところにある。東部の低地に貝塚があることから、古くから人が居住していたと考えられる。島の北側、ニシハマビーチはダイビングのポイントとして定評が高い。ダイビングに惹かれて移住する人も多く、ここ数年で人口も増えている。平成10年には慶留間島との間に阿嘉大橋が完成、阿嘉島と慶留間島、そして空港のある外地（ふかじ）島が一つになった。集落内には赤瓦の家並みの間をサンゴ砂の道が通り、昔ながらのたたずまいを残している。

■面積・周囲・標高

面積3・82㎢。周囲12・3㎞。標高は中岳187m

■人口

人口約310人。

■気候

典型的な亜熱帯海洋性気候。

■暮らしぶり

☆医療機関／座間味診療所は沖縄県立那覇病院の附属機関で医師は2年の交代勤務。急患は自衛隊ヘリコプターで本島の那覇へ搬送。

☆学校施設／阿嘉小中学校がある。一部、複式学級もある。

☆店舗／商店3軒、レストラン1軒。

■産業＆仕事の状況

ダイビングやホエールウォッチングを目的に訪れる人々を対象とした観光が島の主たる産業。

■交通の便

●海の交通／▼那覇泊港北岸から高速船「クイーンざまみ」で座間味港経由、阿嘉港へ1時間15分。1日2～3便。▼那覇泊港とまりん前からフェリー「ざまみ」で阿嘉港へ1時間30分。1日1便。

●空の交通／那覇空港からセスナ機で慶良間空港へ15分、1日2～3便。空港からバスで阿嘉港へ15分。

■移住者の移住状況＆受け入れ状況

若者と老人の島なので、子どものいる家族の移住を歓迎している。

■移住者のための相談窓口

座間味村むらおこし課

☎098・987・2311

慶留間島（げるまじま）

阿嘉島の南200mのところにある。ケラマジカが生息し、保護区に指定されている。唯一の集落は唐船時代に船乗りの里として発達したところで、当時の船頭屋敷・高良家が今も往事の様子を伝えている。第2次世界大戦末期には、米軍の上陸後、2日目に島の住民の過半数が自決したという歴史がある。平成10年には阿嘉島との間に阿嘉大橋が完成している。

■面積・周囲・標高

面積1・15㎢。周囲4・9㎞。標高は157m

■人口

人口約95人。

■気候

典型的な亜熱帯海洋性気候。

■暮らしぶり

座間味島や阿嘉島に比べると観光客がほとんどいない静かな島。飛行機のある外地島と阿嘉大橋で結ばれたことにより、本島からの交通も便利に。

☆医療機関／巡回診療。急患は自衛隊ヘリコプターで本島の那覇病院へ搬送する。

☆学校施設／慶留間小・中学校がある。

慶留間小中学校の校庭

☆**店舗**／商店1軒。

■交通の便

●海の交通／▼阿嘉島・阿嘉港から渡船「かりゆし」で慶留間港へ10分、1日3～4便

●空の交通／那覇空港からセスナ機で慶良間空港へ15分、1日3～6便。空港からバスで慶留間へ5分。

■移住者の移住状況&受け入れ状況

人口が少ないので家族単位の移住者を望んでいる。

■移住者のための相談窓口

座間味村むらおこし課

☎098・987・2311

粟国島（あぐにじま）

那覇の北西約60㎞。島にはソテツが多く、別名ソテツ島と呼ばれるほど。美しい浜があり、ハブもいないのでキャンプには最適な島。

■面積・周囲・標高

面積7・62㎢。周囲16・8㎞。標高は96ｍ

■人口

人口約870人。

■気候

典型的な亜熱帯海洋性気候。

■暮らしぶり

屋根の樋（とい）から集めた雨水を貯めるための水瓶「トゥージ」を島の各所で見ることができる。凝灰岩をくり抜いてつくられたもの。以前は天水が貴重な飲料水だった。現在は水道が敷かれ、かん水（塩分を含む水）を淡水化して供給している。島の生活の様子は、映画『ナビィの恋』でも紹介された。

☆**医療機関**／ない。

☆**学校施設**／小中学校の併設校。

☆**店舗**／商店数軒。食堂数軒。

■産業&仕事の状況

産業はサトウキビ栽培。明治35年頃から始まった。漁業を営む人は少ない。最近は海水を濃縮・煮詰めた自然塩で脚光を浴び、島外に出ていた若者たちのUターンも増え、島全体が活気づいている。

■交通の便

●海の交通／▼那覇泊港からフェリー「あぐに」で粟国港へ2時間30分、1日1往復。

●空の交通／那覇空港からセスナ機で粟国空港へ20分、1日4便（季節によって変更あり）。

■移住者の移住状況&受け入れ状況

12～3月、製糖工場でアルバイトを募集している。

■移住者のための相談窓口

粟国村総務課

☎098・988・2016

渡名喜島（となきじま）

那覇の北西約58㎞。渡名喜村は沖縄県で2番目に人口の少ない自治体だ。北に粟国島、南に慶良間島、西に久米島をのぞみ、これらの島々を結んだ三角形のほぼ真ん中に位置している。もともと南北2つの島だったが、両島の間に砂が堆積し、南北に山地を持つ1つの島になった。

■面積・周囲・標高

面積3・46㎢。周囲16・1㎞。標

高は大岳179ｍ

■人口

人口約610人。

■気候

亜熱帯海洋性気候。

■暮らしぶり

水は昭和62年から海水淡水化施設によって供給されている。

☆医療機関／渡名喜診療所がある。

☆学校施設／幼稚園、小・中学校がある。

☆店舗／商店、食堂、各数軒。

■産業＆仕事の状況

20世紀に入るとカツオ漁業が主産業で、南方諸島に移住する人も多かったが、最近は一本釣りなどの沿岸漁業が盛んになっている。毎年3～4月になると呼子浜で天然モズクがとれる。

■交通の便

●海の交通／▼那覇泊港から久米島行きフェリー「ニューくめしま」「なは」で渡名喜港へ2時間15分、1日1便。▼那覇泊港から久米島行き高速船「ぶるーすかい」で渡名喜港へ1時間10分、1日1便。渡名喜島へは4～6月・9～10月の金曜（上りのみ）および土日（上り・下り）のみ寄港。

■移住者のための相談窓口

渡名喜村経済課・企画課

☎098・989・2002

久米島（くめじま）

那覇の西約100㎞。森林が豊かで水に恵まれた島だ。昔からため池や用水路が整備されており、水稲栽培も盛んだったことから「米の島」とも呼ばれている。

■面積・周囲・標高

面積63・21㎢。周囲47・6㎞。標高は宇江城岳310ｍ

■人口

人口約9550人。

■気候

亜熱帯海洋性気候。

■暮らしぶり

真泊港の仲里漁協では午前10時ころからセリが始まる。色とりどりの魚が水揚げされている。平成10年より、風力と太陽光を活用したハイブリッド発電システムが旧仲里村の阿嘉地区に設置されている。発電量は年間50万キロワットに達しており、クリーンエネルギーを利用した発電システムとしては国内最大級を誇っている。NTTが久米島無線中継所で使用する電力を自給するために建てたもので、余剰分は沖縄電力久米島発電所に売買され、一般家庭などに供給されている。

台風の通り道であり、風も強い。ちなみに平成5年9月の台風で構造上風速70～80ｍにも耐えられるはずのコンクリート電柱が何本も折れた。気象台の風速計も壊れてしまい、風速を計測できなかったという。

☆医療機関／旧具志川村には診療所、病院あり。急患は自衛隊にヘリコプターを要請する。

☆学校施設／幼稚園、小学校、中学校あり。県立久米島高校もある。

☆店舗／スーパー、商店、その他レストランや食堂なども揃っている。

■産業＆仕事の状況

主産業は農業。昔、水田地帯だったところは畑となり、サトウキビが栽培されている。野菜、花卉、果樹、タバコなども栽培。畜産もある。漁業は明治37年の大噴火で移住してきた硫黄鳥島の人々によって始められ、鳥島漁港を中心に沿岸漁業やクルマエビの養殖などが営まれている。久米島紬の産地には、後継者育成を目的とした「ユイマール館」がある。

■交通の便

●海の交通／▼那覇泊港から久米島行きフェリー「ニューくめしま」「なは」で渡名喜港経由、兼城港へ4時間、1日1便。▼那覇泊港から久米島行き高速船「ぶるーすかい」で真泊港へ約1時間10分、1日1～2便。

●空の交通／▼羽田空港から久米島空港へ2時間30分、1日1便。4～9月のみ運航。▼那覇空港から久米島空港へ40分、1日5～6便。

■移住者のための相談窓口

久米島町具志川庁舎
☎098・985・2001

久米島町仲里庁舎
☎098・985・7121

宮古諸島（沖縄県）

宮古島（みやこじま）

宮古島は沖縄本島の南西326㎞のところにある。平良市、城辺町、下地町、上野村の1市2町1村から成っている。平良市の名は、山も川も何もない平坦な地形からその名がついたと言われる。釣りやダイビングなどマリンスポーツのメッカ。特に「スポーツアイランド」を目指している同市では、全日本トライアスロン宮古島大会、フルマラソン大会など、各種の大会が盛んに行われている。

下地町は宮古島の南西部。地形は平坦でサトウキビを中心とした農業が盛んだ。最近はバイオテクノロジーを利用した熱帯果樹栽培にも力を入れている。城辺町《ぐすくべ》は宮古島の東部。太平洋と東シナ海に面した農村地域となっている。上野村は宮古島南部。サトウキビを中心とした農業が基幹産業。昭和60年頃から南岸一帯でリゾート整備が行われ、また、明治時代、南部の沖合で座礁したドイツの商船を救助したという歴史背景を活かしてドイツ文化村を設立。熱帯果実の生産と研究を兼ねたトロピカル・フルーツパークなども整備されており、全国から注目されている。

■面積・周囲・標高

面積158・65㎢。周囲117・5㎞。標高は野原岳109m

■人口

人口約4万6000人。

■気候

典型的な亜熱帯海洋性気候。年平均気温が23℃。年間降水量は平均2000ミリ程度。

■暮らしぶり

琉球石灰岩からなる宮古島の土壌は透水性が高く、毎年大小の干ばつに見舞われ、台風の襲来も多い。地下水が豊富。これを有効利用するため、世界初の地下ダム建設が進められ、農業用水として使われている。

西平安名岬に5基の風力発電用風車が立っている。ここで発電した電力は島内の消費電力の一部を担っている。

☆医療機関／平良市に総合病院をはじめ、各種病院・診療所が揃っている。

☆学校施設／小学校、中学校あり。高校も5校。

☆店舗／平良市にはスーパー10軒以上、商店も多数充実。下地町、城辺町、上野村にも各店舗が揃っている。

■産業&仕事の状況

観光と農業が主たる産業となっている。農業はサトウキビ栽培、葉たばこ栽培が盛んだったが、それに加えて近年は多くのトロピカルフルーツの栽培も盛んで、オランダドリアン、バンジロウ、パッションフルーツなどが生産されている。また、マリンスポーツを楽しむために年間20万人以上もの観光客が訪れており、第3次産業を支えている。

■交通の便

●海の交通／▼那覇新港から石垣島行き客船「ぷりんせすおきなわ」で平良港へ10時間30分、週1便。▼那覇新港から客船「かりゆしおきなわ」で石垣島経由、平良港へ19時間30分、週1便。▼那覇港から石垣島行き客船「わかなつおきなわ」で平良港へ9時間、週1便。

●空の交通／▼羽田空港から宮古空港へ3時間、1日1便。▼関西空港からは2時間15分、1日1便。▼福岡空港からは1時間55分、週3便。▼那覇空港から宮古空港へは45分、1日10～13便。

■移住者の移住状況&受け入れ状況

平良市では農業改善支援センターを中心に高生産性農業への転換を図り、若い人たちのUターンを促している。

下地町では若者定住促進条例を設け、結婚祝い金、出産祝い金、若者定住住宅建築奨励金、農林漁業専業物育成奨励金、伝統工芸専業物育成奨励金などの各種制度が揃っている。

城辺町では、Iターン者定住奨励金として、一人あたり20万円を支給（5年以上定住が条件）。役場で空き家の斡旋も行っている。上野村には就農青年グループがある。

■移住者のための相談窓口

平良市役所
☎０９８０７・２・３７５１

下地町企画課
☎０９８０７・６・６００１

城辺町企画振興課
☎０９８０７・７・７５９０

上野村企画調整課
☎０９８０７・６・３１８４

伊良部島（いらぶじま）

宮古島の北西8㎞にある。伊良部とは、『今昔物語』や『今鏡』にも見られる「緑に彩られた美しい島」を意味する日本の古語「いらふ」にちなむと言われている。西隣りには狭い水路をはさんで下地島。水路に面して農業を主とする5集落があり、島の東側には県内有数の南方カツオ漁の基地である佐良浜の集落がある。

■面積・周囲・標高

面積29・05km²。周囲26・6km。標高は牧山89m

■人口

人口約7000人。

■気候

典型的な亜熱帯海洋性気候。年間を通して温暖で過ごしやすい。

■暮らしぶり

島の玄関口でもある佐良浜集落は、港をのぞむ斜面に段々と建っている。

☆**医療機関**／町立診療所が3カ所（内科2、歯科1）、個人診療所が1カ所。内科は24時間体制だが、緊急を要する場合は、消防と連絡して患者を船舶で宮古島まで搬送する。耳鼻科や眼科はないので治療は宮古島まで行く。

☆**学校施設**／北と南の集落に分かれ、それぞれ小学校と中学校が一つずつある。島のほぼ中央に県立伊良部高校がある。宮古島の高校へ船で通学する生徒もいる。

☆**店舗**／食料品・雑貨屋は約100軒。食堂やレストランも各数軒あり。

■産業＆仕事の状況

カツオの水揚げ高は沖縄県一。またパヤオ漁法という、海流に浮き魚礁を漂わせ、小魚が隠れる場所をつくり、その小魚を狙って集まる大型魚を釣り上げる漁法が盛んだ。浮き魚礁は海底に沈められたいかりに鎖で固定されている。近年、この漁法で300キログラムを超すマグロや、200キログラムを超すカジキなどの大物がつり上げられている。

■交通の便

●海の交通／▼宮古島・平良港から高速船「うぷゆう」「さざなみ」で佐良浜港へ約10分、1日15～16便。▼平良港から高速船「第18はやて丸」で佐良《さら》浜《はま》港へ12分、1日10～12便。▼平良港からフェリー「ゆうむつ」で佐良浜港へ25分、1日5～6便、「フェリーはやて」で佐良浜港へ20分、1日5～6便。

■移住者の移住状況＆受け入れ状況

島の新住民を求めている。空き家や仕事探しの相談にのってくれる。若者定住促進条例を設け、結婚祝い金、出産祝い金、若者定住住宅建築奨励金、農林漁業専業物育成奨励金、伝統工芸専業物育成奨励金、商工および観光業専業者育成奨励金）などの各種制度が揃っている。

■移住者のための相談窓口

伊良部町企画室

☎0980・78・6250

多良間島（たらまじま）

宮古島の西67km、石垣島の北東35kmに位置する隆起さんご礁の島。今なお隆起している。標高34mという、いたって平坦な地形で南へのなだらかな傾斜は、沖合い300～1000mまで延びるさんご礁へ続いている。島の海岸線を防潮林が取り囲み、集落の抱護林や御嶽を取り巻く森など貴重な植物群落も多い。

■面積・周囲・標高

面積19・73km²。周囲26・2km。標高は34m。

■人口

人口約1400人。

■気候

典型的な亜熱帯海洋性気候。

■暮らしぶり

新多良間空港の建設が進められている。この完成によって、農業と伝統文化、豊かな自然を生かした体験型観光による活性化が期待されている。

☆医療機関／診療所に医師1人。歯科診療所に医師1人。

☆学校施設／幼稚園、小学校、中学校がある。

☆店舗／商店20軒、食堂、居酒屋数軒。

■産業＆仕事の状況

主産業はサトウキビ栽培。単位面積収穫高は沖縄県随一である。肉用牛の生産も行われており、のどかな牛の放牧風景も見られる。第3セクターの多良間水産株式会社では、全国でも珍しいシャコガイの養殖に取り組み、現在、人工孵化技術の改良と、種苗生産を試みている。刺し身や寿司ネタとして食され、貝殻はインテリアなどとしても活用されている。

■交通の便

●海の交通／▼宮古島・平良港からフェリー「多良間」で普天間港へ2時間25分。週2便。

●空の交通／▼宮古空港から多良間空港へ25分、1日3便。▼石垣空港からも25分、1日1便。

■移住者の移住状況＆受け入れ状況

多良間村ふるさと活性化定住促進事業で各種交付金（結婚、出生、入学、定住、住宅新築・購入）を支給している。

■移住者のための相談窓口

多良間村総務課

☎09807・9・2011

八重山諸島（沖縄県）

石垣島（いしがきじま）

那覇から411km、標高526mの於茂登《おもと》岳を中心に山並みが続き、海岸線はサンゴ礁に囲まれ、変化のある風景に恵まれた島だ。沖縄本島より一層、南国ムードが色濃い。昔ながらの家並みも多く残っている。

■面積・周囲・標高

面積222・48km²。周囲162・2km。標高は於茂登岳526m。

■人口

人口約4万4000人。

■気候

亜熱帯海洋性気候。年平均気温は24・2℃。

■暮らしぶり

夏場は日が長く、7時30分頃にようやく日が沈み始める。そのため夕食は8～9時頃から食べ始める家庭が多い。

☆医療機関／大きな病院あり。

☆学校施設／小学校、中学校あり。高校は4校。民間の石垣リゾート専門学校（リゾート学科、環境保全学科）もある。

☆店舗／商店多数あり。

■産業＆仕事の状況

観光が主。豊かな自然と都市機能を併せ持ち、アジア太平洋の観光拠点を目指している。農業ではやはりサトウキビ栽培。近年、石垣島の地ビールが誕生し、ビールの本場ドイツのダックスブロイハウス社と提携を結んだ石垣ダックスブロイ社が生産している。

新しい空港、リゾート施設の誕生でにわかに島が活気づき始めている。

■交通の便

●海の交通／▼那覇新港から客船「ぷりんせすおきなわ」で宮古島経由、石垣港へ19時間、週1便。▼宮古島行き客船「かりゆしおきなわ」で石垣港へ12時間、週1便。那覇港から客船「わかなつおきなわ」で宮古島経由、石垣港へ16時間、週1便。

●空の交通／▼羽田空港から石垣空港へ3時間15分、1日1便。▼名古屋空港からは2時間50分、1日1便、▼関西空港からは2時間15分、1日1～2便、▼福岡空港からは2時間、1日1～2便。▼那覇空港からは55分、1日12～17便。▼宮古空港からは30分、1日4便。

■移住者の移住状況＆受け入れ状況

全国の職業安定所所在地において、同市の求人状況の検索が可能になっている。

■移住者のための相談窓口

石垣市総務部企画室

☎09808・2・9911

竹富島（たけとみじま）

石垣島の南西10㎞、石垣港から約10分で着く。約4時間で一周できるという島全体が西表《いりおもて》国立公園に指定され、海中公園も2カ所指定されている。集落も国の町並み保存地区（重要伝統的建造物群保存地区）に選定されている。古くは八重山諸島全体を統括する行政府の置かれていた島であり、現在でも赤瓦の屋根やサンゴ石を見事に積み重ねた石垣が見られる。最も古き良き沖縄がある島だと言われている。

■面積・周囲・標高

面積5・42㎢。周囲9・2㎞。標高は21ｍ。

■人口

人口約300人。

■気候

熱帯海洋性気候。年間平均気温24℃。

■暮らしぶり

水は石垣島から送水されている。平成10年、生活雑排水の浄化処理施設、竹富町浄化センターが完成した。浄化された水は農業用水などに利用。

☆**医療機関**／町立診療所がある。

☆**学校施設**／小中学校がある。

☆**店舗**／雑貨店5軒、食堂5～6軒。

■産業＆仕事の状況

第3次産業が78％。全国各地の竹富島ファンが全国竹富島文化協会を発足している。伝統工芸で有名なのはミンサー織。ミンサー織はかつて日常生活で使われていた織物で、現在は国の伝統工芸品に指定されている。

■交通の便

●海の交通／▼石垣島・離島桟橋から高速船「スバル」「あんえい号」で竹富島へ10分、1日36便。▼西表島大原港から石垣島行き高速船「にぃぬふぁぶし」で竹富島へ40分、1日1便。

■移住者の移住状況＆受け入れ状況

伝統工芸後継者育成事業、ふるさと定住条例などがある。

■移住者のための相談窓口

竹富町企画課

☎０９８０８・２・６１９１

小浜島（こはまじま）

西表島から東へ約２㎞、ヨナラ水道を隔てて位置しており、マンタウェイと呼ばれている。八重山地方の中でも豊かな農業伝統を持ち、現在はサトウキビと米が主に栽培されている。島全域および周辺海域は西表国立公園に指定されている。

■面積・周囲・標高

面積７・８１㎢。周囲16・６㎞。標高は大岳99ｍ。

■人口

人口約４５０人。

■気候

熱帯海洋性気候。年間平均気温24℃。

■暮らしぶり

☆医療機関／小浜診療所がある。

☆学校施設／小中学校がある。

☆店舗／雑貨店数軒、食堂２～３軒。

■交通の便

●海の交通／▼石垣島・離島桟橋から高速船「えめらるどくぃーん」「さざんどりーむ」「スバル」で小浜島へ30分、1日9～11便。

■移住者のための相談窓口

竹富町企画課

☎０９８０８・２・６１９１

西表島（いりおもてじま）

石垣島の西30㎞にある。県内では沖縄本島につぐ大きさ。標高４７０ｍの古見岳を中心に、亜熱帯原生林に覆われた３００～４００ｍの山々が連なっている。河川も多く、下流域にはマングローブ林が広がっている。また、イリオモテヤマネコやセマルハコガメ、サキシマスオウノキなど天然記念物や希少生物の宝庫としても有名だ。

■面積・周囲・標高

面積２８９・２７㎢。周囲１３０・０㎞。標高は古見岳４７０ｍ

■人口

人口約１９００人。

■気候

亜熱帯海洋性気候。気温差が非常に少なく、年間通して暖かい。年平均気温は23・３℃。

■暮らしぶり

☆医療機関／島の西部と北部にそれぞれ八重山病院の診療所が整備されている。東部の大原診療所は平成４年、15年ぶりに再開された。平成10年には島内初の歯科診療所が大原地区に開設された。

☆学校施設／小中学校あり。

☆店舗／雑貨屋、食堂、レストラン各数軒あり。

■産業＆仕事の状況

自然環境と調和した観光産業の育成・発展を図るため、西表島エコツーリズム協議会が発足している。また、祖納地区で無農薬の米づくりに取り組む人がいる。カモを使って除草、「ヤマネコ印の無農薬米」として有名。地元の観光関連事業グループ・西表島交通では、スーパー販売員、ホテルスタッフ、整備士などさまざまな職種の求人募集を随時行っている。

■交通の便

●海の交通／▼石垣島・離島桟橋から高速船「サザンクロス」「あんえい号」、ジェットホイル「にぃぬふぁぶし」で大原港へ40分、1日15～16便。▼石垣島・離島桟橋から高速船「ひるぎ7号」「サザンクロス」で船浦港へ45分、1日13～16便。

■移住者の移住状況＆受け入れ状況

島の西部、特に上原地区には県外からの定住者が多く、そのほとんどの人が観光産業で生活を営んでいる。

■移住者のための相談窓口

竹富町企画課
☎09808・2・6191

鳩間島（はとまじま）

西表島の北5㎞、竹富町の最北に位置する。西表島古見と黒島から約150人が移住し、島建てをしたと言われている。明治末期から大正期にかけてはカツオ漁が盛んだった。現在は海人草とツノマタ、シャコガイの養殖が営まれている。

■面積・周囲・標高

面積0・96㎢。周囲3・9㎞。標高は34ｍ

■人口

人口45人。

■気候

亜熱帯海洋性気候。年平均気温23℃。

■暮らしぶり

日曜日をのぞく毎日、西表島上原港から鳩間島へ郵便船で郵便物が運ばれてくる。

☆医療機関／島に医療機関はない。海を隔てた西表島の診療所へ通う。

☆学校施設／小中学校がある。

☆店舗／商店1軒。

■交通の便

●海の交通／▼石垣島・離島桟橋から西表島上原行き貨客船「かりゆし」で鳩間港へ2時間10分、週3便。

■移住者のための相談窓口

竹富町企画課
☎09808・2・6191

波照間島（はてるまじま）

石垣島の南西63㎞にある日本最南端の有人島。かつて島で人頭税に苦しめられていた住民40人が、税吏の手の届かない幻の島、南波照間島へ一夜のうちに旅立ったという伝説もある。17世紀には琉球王府の政策で、西表島や石垣島に数百人が移住させられたという歴史も。戦前はりん鉱の採掘で賑わったが、現在の島の産業の中心はサトウキビ栽培。島の製糖工場で製品化されている。

■面積・周囲・標高
面積12・75㎢。周囲14・8㎞。標高は60ｍ

■人口
人口約590人。

■気候
亜熱帯海洋性気候。

■暮らしぶり
海水淡水化施設は整備されているが、水不足が続くことも。昭和57年度から全島面積の約52％を対象に土地改良事業が進められた。集落の家々は赤瓦屋根。その家々をフクギが覆い、サンゴの石垣が囲う。

☆医療機関／県立八重山病院波照間診療所がある。

☆学校施設／小中学校がある。

☆店舗／雑貨屋、食堂あり。

■産業＆仕事の状況
主産業は農業。

■交通の便
●海の交通／▼石垣島・離島桟橋から高速船「ニューはてるま」「あんえい号」で波照間港へ1時間、1日6便。
▼石垣島・離島桟橋からフェリー「はてるま」で波照間港へ2時間、週3便。
●空の交通／石垣空港から波照間空港へ25分、1日1便。

■移住者のための相談窓口
竹富町企画課
☎0980８・２・６１９１

与那国島（よなぐにじま）

那覇から509㎞、台湾の蘇澳港からは111㎞という至近距離にある日本列島最西端の国境の島。15世紀の記録によると、山海の幸に恵まれ、自由な生活が営まれたというが、17世紀頃から人頭税が課されるようになり、いわゆる人減らしがなされたという悲しい伝説もある。戦後の一時期は台湾とのバーター貿易で大いに栄えた。現在は、釣りやダイビングなどで訪れる観光客が増えている。特に与那国島の沖合はダイビングスポットとして人気が高い。

■面積・周囲・標高
面積28・84㎢。周囲28・6㎞。標高は宇良部岳231ｍ

■人口
人口約1800人。

■気候
亜熱帯海洋性気候。

■暮らしぶり
自然に恵まれ、昔から唄と踊り、人情の島と言われている。多くの伝統芸能、織物が受け継がれている。サトウキビや米が豊富でカジキの漁獲高は県内一を誇る。1月下旬から3月上旬にかけてはサトウキビの収穫シーズン。製糖工場とキビ刈りを手伝ってくれる人が全国から「援農隊」として集まってくる。

☆医療機関／与那国町立診療所に医師が1人。看護師2人、検査技師1人。

☆**学校施設**／小学校3校、中学校が2校。高校はない。

☆**店舗**／スーパー2軒、食料品・雑貨店20軒、レストラン2軒、食堂8軒。

■**産業&仕事の状況**

島の北側の祖納、南側の比川はサトウキビ栽培、西側にある久部良はカジキマグロ漁を主としている。

■**交通の便**

●海の交通／▼石垣島・離島桟橋からフェリー「よなくに」で与那国港へ4時間、週2便。

●空の交通／▼石垣空港から与那国空港へ30分、1日2便。▼那覇空港から与那国空港へ1時間35分。週1便。

■**移住者の移住状況&受け入れ状況**

過疎化は著しく、島の人口が減っているため、島外からの移住者は大歓迎。ただし住居はやや不足ぎみ。

■**移住者のための相談窓口**

与那国町企画室

☎0980８・７・２２４１

三島（鹿児島県）

竹島（たけしま）

その名のとおり、島全体が竹で覆われており、高い山もなく平坦な島である。ゆるやかな丘陵地は一面牧場で、のどかに「みしま牛」が放牧されている。三島村の3つの島のうち、最も小さい。

■**面積・周囲・標高**

面積は4・2㎢。周囲12・8㎞。標高はマゴメ山２２０ｍ。

■**人口**

約１２０人。

■**気候**

年間平均気温が19・4℃。年中温暖でおだやかな気候。

■**暮らしぶり**

島中、竹に覆われており、一年中、タケノコが採れる。最盛期には住民総参加で収穫、貴重な収入源となっている。新聞は村営定期船「みしま」で本土から運ばれるが、この「みしま」の航海回数が月11回のため、2～3日分がまとめて運ばれることになる。生鮮食料品は船の入港日しか買えないこともあって、定期船が入港する日は仕事を中断して買い物に出る人も多く、それだけに島が活気づく日でもある。電話、水道、電気に関してはほぼ本土と変わらない。

☆**医療機関**／診療所があり、看護師が常駐している。月に一度、医師による巡回診療がある。急患はヘリコプターを要請し、鹿児島市内の病院へ搬送。急患で船をチャーターした場合は、2分の1の補助金が支給される。

☆**学校施設**／小・中学校併設。

☆**店舗**／雑貨や必需品は手に入るが生鮮食品などは常時買えるわけではなく、定期船が入港した日にお店へ買いに行くことになる。自分が欲しい品物がない場合は、直接個人で本土のお店へ注文する。ただ、自分の畑で野菜を作ったり、魚釣りをしたりする人が多く、食費は思ったほどかからない。

■**産業&仕事の状況**

竹を利用した三島独特の黒牛の周年放牧と、大名竹の子の水煮加工が主な産業。

■住まいの状況

平成2年から定住促進事業で島に住む人を募集。第1次産業に従事することが条件となっているが、定住が決定すると新築住宅（3DK）に優先的に入居できる。牛一頭または50万円と支度金20万円、世帯人数に応じての月々支給される助成金（3年間）制度が設けられている。定住者向けに毎年4棟の村営住宅も建設。間取りは3DKで約20坪。家賃は月額1万3000円程度。自分の家を持ちたい人に対しては、島のほとんどが村有地のため、土地を安く譲ってもらえる。住宅資金の貸付制度（年利1％）もある。

■交通の便

●海の交通／▼鹿児島本港北埠頭から客船「みしま」で竹島港へ3時間10分、月11便。

■移住者の移住状況＆受け入れ状況

移住者の受け入れに対してかなり積極的。ただし、定住の条件は現に子供を持つ夫婦世帯者で10年以上定住し、自立自営のできる人。基幹産業の1次産業に従事することも条件の一つになっている。

畜産を主な収入源にする場合は、村営の放牧場、畜舎が整備されているので、施設面での心配はない。母牛の導入についても県や村の貸付事業を利用できる。三島村の畜産は島の自然を活かした、周年放牧スタイル。黒毛和種の子牛を生産する繁殖経営による低コスト化を実現している。子牛を順調に出荷できるまでの間はある程度の先行投資が必要になるため、定住促進対策事業や農林水産振興資金（年利1％）などを活用できるようになっている。

ちなみに、現在三島村には医師がいないため、随時医師も募集。看護師も募集中だ。医師・看護師に関しては村職員として雇用される。

■移住者のための相談窓口

三島村役場　経済課・総務課
☎099・222・3141

硫黄島（いおうじま）

三島村の真ん中に位置する硫黄島。霧島火山帯に沿って噴出した海底火山の一つで鬼界カルデラの火口丘にあたり、今なお白い噴煙をはいている。温泉も多く、椿の原生林に孔雀が遊飛している。自然の雄々しさと神秘さを感じさせてくれる島だ。

■面積・周囲・標高

面積は11・65km²。周囲19・1km。標高は硫黄岳704m。

■人口

約150人。

■気候

年間平均気温が19・4℃。年中温暖でおだやかな気候。

■暮らしぶり

平成7年に全国初の村営飛行場が開港となり、本土へ20分で行けるようになった。三島村民なら、個人で船または飛行機をチャーターした場合は、3分の1の補助が出る。島の住民は開発センターの温泉を無料で利用できる。

新聞は村営定期船「みしま」で本土から運ばれるが、この「みしま」の航海回数が月11回のため、2~3日分、まとめて運ばれる。生鮮食料品は船の入港日しか買えないこともあって、定期船が入港する日は仕事を中断して買い物に出る人も多く、それだけに島が活気づく。

☆医療機関／診療所があり、看護師1人が常駐している。月に一度、巡回診療あり。急患はヘリコプターを要請し、鹿児島市内の病院へ搬送。急患で船をチャーターした場合は、2分の1の補助が支給される。

☆学校施設／小・中学校併設の三島小中学校がある。

☆店舗／雑貨屋あり。雑貨や日常の必需品は手に入るが、生鮮食品などは常時変えるわけではなく、定期船の入港日に買いに行くことになる。自分が欲しい品物がない場合は、直接個人で本土のお店へ注文する。ただ、自分の畑で野菜を作ったり、魚釣りをしたりする人がほとんど。

■産業&仕事の状況

5~6月の梅雨時期にかけて特産品「大名たけのこ水煮」を生産しており、高い評価を受けている。

■交通の便

●海の交通／▼鹿児島本港北埠頭から客船「みしま」で竹島経由、硫黄島へ4時間10分、月11便。

●空の交通／▼鹿児島空港・枕崎空港から薩摩硫黄島飛行場へセスナ機が不定期運航。鹿児島空港から45分、枕崎空港からは20分。

■移住者の移住状況&受け入れ状況

竹島と同様。

■移住者のための相談窓口

三島村経済課・総務課

☎099・222・3141

黒島（くろしま）

三島3島の中でもっとも大きく、そして鹿児島から最も遠い島である。渓流のある深く険しい山地が黒く見えるところから、黒島と呼ばれている。

黒島には、他の島よりも動植物が豊富でさまざまな渡り鳥なども観察できる。この緑多い急傾斜地を利用した肉牛の周年放牧と、シイタケ・タケノコの加工が主な産業。特に広大な面積を活かした放牧では、足腰の強い良質の肉牛「みしま牛」が生産されているとして、高い評価を受けている。雨量の多い森林で栽培されるシイタケは、厚みがあって香りも高く、県内外に高級品として出荷されている。

■面積・周囲・標高

面積は15・37㎢。周囲20・0㎞。標高は櫓岳《やぐらだけ》622m。

■人口

約240人。

■気候

年間平均気温が19・4℃。年中温暖でおだやかな気候。

■暮らしぶり

森林が豊かで水も豊富。屋久島を小型化したような島だ。新聞は村営定期船「みしま」で本土から運ばれるが、この「みしま」の航海回数が月11回のため、2~3日まとめて運ばれる。特に生鮮食料品は船の入港日に買う。

☆医療機関／診療所は2カ所あり、看護師が常駐している。月に1度、巡回診療あり。急患はヘリコプターを要請し、鹿児島市内の病院へ搬送。

☆学校施設／小・中併設の大里小中学校と、片泊小中学校がある。片泊小中には、移住してきた人たちの子どもが5人、島にすっかり溶け込んで仲良く勉強やスポーツに励んでいる。

☆店舗／大里地区に雑貨屋2軒、酒屋1軒。片泊地区に雑貨屋1軒など。

■産業＆仕事の状況

第1次産業、とくに畜産とシイタケ栽培の後継者が多く、他の2島に比べて農業・漁業の占める割合は高い。

■交通の便

●海の交通／▼鹿児島本港北埠頭から客船「みしま」で竹島・硫黄島経由、大里港へ5時間50分、さらに片泊港へ50分。月11便。

■移住者の移住状況＆受け入れ状況

竹島と同様。島へ花嫁に来たい女性も募集。地域間交流事業にも積極的。

ちなみに、定住促進事業を利用し、片泊地区で3家族が畜産業などで生計を立てている。平成10年4月には、鳥取県出身の女性が黒島の男性と結婚し、移住してきた。獣医の免許を持っている人だったため、初の三島村の嘱託獣医となった。

■移住者のための相談窓口

三島村役場　経済課・総務課

☎099・222・3141

トカラ列島（鹿児島県）

屋久島と奄美大島の間に点在する島々から成るトカラ列島。口之島《くちのしま》、中之島、平島《たいらじま》、諏訪之瀬島《すわのせじま》、悪石島《あくせきじま》、小宝島、宝島の有人7島と臥蛇島《がじゃじま》、小臥《こが》蛇島《じゃじま》、小島、上ノ根島、横当島《よこあてじま》の無人島5島が南北162kmに並んでおり、行政区としては日本一長い村ということになる。

口之島（くちのしま）

トカラ列島の最北端に位置する。水蒸気を噴き出す燃岳に象徴される火山島。全島リュウキュウチクに覆われ、ガジュマル、ビロウ、アコウなども生い茂り、亜熱帯植物の島としての特徴がある。純血種の野生牛が深い山林の中に棲息しており、その数は約40頭とも言われている。

■面積・周囲・標高

面積は13・33km²。周囲13・3km。標高は前岳628m。

■人口

約155人。

■気候

温暖で雨が多い。

■暮らしぶり

鹿児島からくる船「としま」が西之浜港に到着するのが朝の4時40分。入港日になると島の人々は港へ集まってくる。西之浜港から内陸へ20分ほど行ったところに、整然とした歴史豊かな集落がある。現在も共同の洗い場が使われている。

☆医療機関／診療所があり、看護師が常駐。

☆学校施設／小・中学校併設の口之島小中学校がある。

☆店舗／雑貨屋が2軒。

■産業&仕事の状況

サツマイモ栽培を中心とする農業と、肉用牛の生産が営まれている。小規模だが、水田もある。

■交通の便

●海の交通／▼鹿児島本港北埠頭から「としま」で西之浜港へ6時間40分。午後11時に鹿児島本港を出るので西之浜港への到着は午前4時40分となる。2週5便。また各島からのチャーター船として、村営高速船「ななしま」（新船）が就航。十島村の各島間や、各島から名瀬・屋久島などへの運航が可能。

■移住者の移住状況&受け入れ状況

十島村は全部の島を合わせても人口約720人と小さな村だ。しかし、若い人たちを中心に、島おこし運動が盛り上がっている。島への定住希望者に対しては、Iターン優遇制度が設けられており、定住促進生活資金交付金制度や産業振興資金貸付制度がある。十島村役場の企画観光課がIターン者の相談窓口になっている。

■移住者のための相談窓口

十島村役場　企画観光課

☎099・222・2101

中之島（なかのしま）

鹿児島港から南へ224km。トカラ列島の中では最も大きな島になる。中北部にトカラ列島最高峰の御岳。標高979m。洋上に突如1000m級の山が現れている。活動中の火山で頂上の火口からは噴煙があがっている。御岳の麓に広がる牧場には天然記念物のトカラ馬が駆け回る。

■面積・周囲・標高

面積は34・47km^2。周囲28・0km。標高は御岳《おたけ》979m。

■人口

約170人

■気候

温暖で雨が多い。

■暮らしぶり

島には港近くに西・東集落、内陸には日の出集落と計3つの集落がある。西・東集落には温泉があるため、内風呂を持つ家が少ない。水が豊富で水力発電所があり、火力発電所と合わせて電力をまかなっている。

☆医療機関／診療所で月1回、派遣診療がある。

☆学校施設／中之島小中学校がある。高校生は鹿児島市内に下宿し、市内の高校へ通う。

☆店舗／雑貨屋が4軒。

■交通の便

●海の交通／▼鹿児島本港北埠頭から「としま」で口之島経由、中之島港へ7時間30分。2週5便、村営高速船「ななしま」（新船）が就航。十島村の各島間や、各島から名瀬・屋久島などへの運航が可能。

■移住者の移住状況&受け入れ状況

口之島と同じ状況。

■移住者のための相談窓口

十島村役場　企画観光課

☎099・222・2101

諏訪之瀬島（すわのせじま）

十島村は2番目に大きい島。島の中央には標高799mの御岳がある。十島村でも最も激しい活火山を抱くこの島は、何度となく噴火を繰り返している。

■面積・周囲・標高

面積は27・66㎢。周囲24・5㎞。標高は御岳799m。

■人口

約70人。

■気候

温暖で雨が多い。

■暮らしぶり

定期船「としま」が港に着くたびに島の男性が総出で、荷役作業を行う。春と夏のトビウオ漁の季節には、全戸が共同漁を行っている。県外出身者が多く、諏訪之瀬の区長も県外出身者から輩出されている。

☆**医療機関**／診療所があり、看護師が1人常駐。月に1回、巡回診療あり。

☆**学校施設**／平島小・中学校諏訪之瀬島分校がある。

☆**店舗**／雑貨屋が1軒、酒屋1軒。

■交通の便

●海の交通／▼鹿児島本港北埠頭から「としま」で口之島・中之島港、平島経由で切石港へ11時間、2週5便。▼奄美大島・名瀬港から「としま」で宝島、小宝島、悪石島経由、切石港へ6時間50分、週1便。また各島からのチャーター船として、村営高速船「ななしま」（新船）が就航。十島村の各島間や、各島から名瀬・屋久島などへの運航が可能。

■移住者の移住状況&受け入れ状況

口之島と同じ状況。

■移住者のための相談窓口

十島村役場 企画観光課

☎099・222・2101

平島（たいらじま）

他のトカラの島々が北東から南西へきれいに並んでいるのに対して、一つだけ西に外れているのが平島。ガジュマルやビロウが生い茂る面積約2㎡の小さな島だ。畜産が盛んで天気の良い日には海岸べりで放牧牛が水浴びをしている。

■面積・周囲・標高

面積は2・08㎢。周囲4・5㎞。標高は御岳243m。

■人口

約85人。

■気候

年間を通じて温暖で雨が多い。

■暮らしぶり

小さな島だが、水が豊富で棚田があり、米や田芋が作られている。牧場では黒毛和牛の放牧が営まれている。各世帯に有線放送があり、船の運航状況や役場・自治会の連絡などに使われている。平島自治会では、定期船「としま」が入港時の荷役作業を当番制で割り当てている。

☆**医療機関**／診療所があり、看護師が1人常駐している。

☆**学校施設**／平島小・中学校がある。

☆**店舗**／食料品・雑貨屋が1軒、酒屋1軒。

■産業&仕事の状況
　畜産が盛ん。

■交通の便
●海の交通／▼鹿児島本港北埠頭から「としま」で口之島・中之島港経由で平島・南之浜港へ9時間50分。2週5便。▼奄美大島・名瀬港から「としま」で宝島、小宝島、悪石島・諏訪之瀬島経由、南之浜港へ8時間、週1便。また各島からのチャーター船として、村営高速船「ななしま」（新船）が就航。十島村の各島間や、各島から名瀬・屋久島などへの運航が可能。

■移住者の移住状況&受け入れ状況
　口之島と同じ状況。独自の展開としては、平島の全世帯による島づくり組織として島興し推進委員会がある。

■移住者のための相談窓口
十島村役場　企画観光課
☎０９９・２２２・２１０１

悪石島（あくせきじま）

　神秘と温泉の島と言われる。この島にも平家の落人伝説があり、防御のためにおどろおどろしい「悪石島」という名をつけたのだという。島の形も切り立った断崖に囲まれており、人を近づけない厳しさがある。ところが島へ降り立つと深い緑に包まれている。海中温泉があり、少し林へ入ると、天然の砂むし温泉もある。港では夏場、特産物のトビウオが天日干しされており、のどかな海村の風景が見られる。

■面積・周囲・標高
　面積は７・４９㎢。周囲８・８㎞。標高は御岳５８４ｍ。

■人口
　約７０人。

■気候
　年間を通して温暖。雨が多い。

■暮らしぶり
　定期船「としま」が入港すると、この島でも島の男性が総出となり、荷役を行う。島には郵便局がなく、役場出張所にポストが設置されている。
☆**学校施設**／悪石小中学校がある。
☆**店舗**／雑貨屋1軒。

■交通の便
●海の交通／▼鹿児島本港北埠頭から「としま」で口之島・中之島・平島・諏訪之瀬島経由で、やすら浜港へ12時間10分。2週5便。▼奄美大島・名瀬港から「としま」で宝島、小宝島経由、やすら浜港へ5時間、週1便。また各島からのチャーター船として、村営高速船「ななしま」（新船）が就航。十島村の各島間や、各島から名瀬・屋久島などへの運航が可能。

■移住者の移住状況&受け入れ状況
　口之島と同じ状況。

■移住者のための相談窓口
十島村役場　企画観光課
☎０９９・２２２・２１０１

小宝島（こだからじま）

　隆起さんご礁でできた周囲４㎞弱の小島。30分ほど歩けば、一周できる。集落の反対側、西海岸は大さんご礁地帯。さんご礁の割れ目には、色鮮やかな魚が泳ぎ回っている。温泉も多い。

■面積・周囲・標高
　面積は１・００㎢。周囲３・２㎞。

標高は竹之山103m

■人口

約40人。

■気候

他の島と同じ、年間通して温暖。

■暮らしぶり

隆起さんご礁の島なので水源がなく、1日8~9tの真水をつくり出す海水淡水化装置と、竹之山の頂上にある貯水池の天水で生活用水をまかなっている。各家には雨水をためるタンクがある。定期船「としま」が入港の際には、島の大人が総出で荷役を行う。休日なら学校の先生も手伝う。有線放送が各戸にあり、役場の連絡や定期船の運航状況など各種伝達に活用されている。郵便局はない。役場出張所で貯金関係以外の郵便業務を代行。

☆医療機関／小宝診療所があり、看護師が常駐。月1回、巡回診療あり。急患はヘリコプターを要請して搬送。

☆学校施設／宝島小・中学校小宝島分校がある。

☆店舗／酒屋1軒のみ。

■産業&仕事の状況

島南部の牧場では黒毛和牛が放牧されている。島に黒潮が直接ぶつかるので、魚群に恵まれている。潮流も変化しやすい。サワラ・カツオ・タイなどを水揚げしている。9月下旬から11月にかけてエラブウナギ（ウミヘビ）漁が営まれている。トカラ列島でも小宝島ならではの珍しい漁だ。漢方薬や強壮剤の材料として、生きたまま奄美などへ出荷されている。

■交通の便

●海の交通／▼鹿児島本港北埠頭から「としま」で口之島・中之島・平島・諏訪之瀬島・悪石島経由で、小宝島港へ11時間50分、2週5便。奄美大島・名瀬港から「としま」で宝島経由で小宝島へ4時間、週1便。また各島からのチャーター船として、村営高速船「ななしま」（新船）が就航。十島村の各島間や、各島から名瀬・屋久島などへの運航が可能。

■移住者の移住状況&受け入れ状況

口之島と同じ状況。実績として、県内をはじめ、東京・神奈川などから平成9年に3人、10年3月現在で1人がIターンしている。村営住宅で生活し、漁師や建設関係の仕事に従事している。また、海水や海中温泉水を使って、天然塩の生産に取り組んでいる移住者もいる。

■移住者のための相談窓口

十島村企画観光課

☎099・222・2101

宝島（たからじま）

トカラ列島有人島の中で最も南に位置する。亜熱帯の植物が咲き乱れる、隆起さんご礁の島だ。この島はその名のごとく、イギリスの小説家、スティーブンソンの有名な海洋冒険小説「宝島」と関わりがあるという。

島を一周してみると、他の島とは違って水田が多い。トカラ列島の中では最も早く稲作が行われていたようだ。

■面積・周囲・標高

面積は7・14㎢。周囲12・1㎞。標高はイマキラ岳292m。

■人口

約120人。

■気候

1年を通して温暖。

■暮らしぶり

水田があり、米を作っている。島西部では黒毛和牛が放牧されている。漁業ではホタの一本釣りやサワラ漁、素潜り漁などが営まれている。台風シーズンや冬季になると10日間ほど定期船が欠航になることもあるため、各家庭では生鮮食料品のストックが欠かせない。有線放送が各戸にあり、役場の連絡や定期船の運航状況など各種連絡に利用している。大篭には島の新しい産業として注目されている天然塩の工房がある。ミネラルをたっぷり含んだ天然塩は今や全国的にも有名だ。

☆医療機関／診療所があり、月1回の巡回診療。

☆学校施設／宝島小・中学校がある。

☆店舗／雑貨屋2軒。宝島売店は、朝と夕方の各2時間ずつ営業。ファミリーマートは不定期営業。

■産業&仕事の状況

海水を濃縮した天然塩「宝の塩」が、新しい産業として県内外から注目されている。農業、観光産業に従事する人が多い。

■交通の便

●海の交通／▼鹿児島本港北埠頭から「としま」で口之島・中之島・平島・諏訪之瀬島・悪石島・小宝島経由で、前籠港へ14時間40分。2週5便。▼奄美大島・名瀬港から「としま」で宝島へ3時間10分、週1便。また各島からのチャーター船として、村営高速船「ななしま」（新船）が就航。十島村の各島間や、各島から名瀬・屋久島などへの運航が可能。

■移住者の移住状況&受け入れ状況

口之島と同じ状況。現在、Iターンは5世帯。グラフィックデザインや陶芸、天然塩製造、素潜り漁で生計を立てている。Uターン者も多いのが一つの特色。

■移住者のための相談窓口

十島村役場 企画観光課

☎099・222・2101

甑島《こしきじま》列島（鹿児島県）

甑島《こしきじま》は、鹿児島県串木野市の西方40kmに位置し、上甑島、中甑島、下甑島の3つの島から成っている。豪壮な海食崖、特異な小沼群、カノコユリの原生地、緑豊かな広葉樹の原生林と、他では見られない自然景観に恵まれている。キビナゴ漁を中心とした漁業が盛んで、新鮮な魚介類も豊富。ボードセーリングやカヌー、スキューバダイビングといったマリンスポーツにも最適な島である。

上甑島（かみこしきじま）

島は里村と上甑村の2つに分かれている。里村は上甑島の北端に位置している。標高423mの遠目木山が最高峰。急峻な地形で集落は島と島を結ぶ砂州上にある。海岸は非常に変化に富んでおり、砂州によって形づくられたトンボ口地形、湖沼群、島しょ群があり、県立自然公園にも指定されている。

上甑村の海岸も入り江が多く、地形は急峻で平地が少ない。広くてよい漁場に恵まれているため、水産業が基幹産業となっている。平成5年3月に、県道黒浜水深線（上甑島～中島～中甑島）が開通したことで上甑村が一つになり、住民同士の交流も盛んになった。

■面積・周囲・標高

面積は45・08㎢。周囲81・1㎞。標高は遠目木山《とおめきやま》423m。

■人口

約3470人。

■気候

温暖で雨量が多い。年平均気温は17・9℃。作物の生育によい気象だ。

■暮らしぶり

☆医療機関／診療所あり。急患は自衛隊へリコプターを要請し、鹿児島市の病院へ搬送。

☆学校施設／里村には里小学校、里中学校がある。島には高校がないため、中学卒業と同時に、親元を離れて下宿しながら高校へ進学する。

上甑村には2つの小学校と中学校がある。

☆店舗／里村には食料品・雑貨屋が10軒ほどあり、レストランや食堂もある。上甑村にもスーパー2軒、ほか食堂などが一通りは揃っている。

■産業＆仕事の状況

近年、捕る漁業から作り育てる漁業へとその基盤の整備を図っている。と同時にボードセーリングやダイビングなどマリンスポーツが楽しめる島として観光にも力を入れている。

■交通の便

●海の交通／▼鹿児島県・串木野港から下甑島行き高速船「シーホーク」で里港へ55分、さらに中甑港へ25分、1日2～3便（うち1～2便は下甑島へ先に寄港するため、中甑港へ2時間10分、さらに里港へ25分）。▼串木野港から下甑島行きフェリー「こしき」で里港へ1時間25分、さらに中甑港へ50分、1日1便。

■移住者の移住状況＆受け入れ状況

里村では定住促進就学対策事業を行っている。上甑島では真珠養殖など漁業に携わるUターン者を募集している。

■移住者のための相談窓口

里村企画課

☎09969・3・2311

上甑村企画課

☎09969・2・0001

中甑島（なかこしきじま）

甑島列島の中央部にあり、南西方向に藺牟田《いむた》瀬戸をへだてて、下甑島の鹿島村と、相対している。ほとんどが山林・原野。地形は急峻で平地が少ない。北東部の入り江が自然の良港で古くから避難港として利用されている。

■面積・周囲・標高

面積は6・93㎢。周囲17・4㎞。標高は木の口山294m。

■人口

約430人。

■気候

温暖で雨量が多い。

■暮らしぶり

平成5年に上甑島と中島、中甑島を結ぶ道ができたことで、救急患者の搬送や医療・行政などの用件・手続きが便利になった。観光コースの一つにもなり、村の活性化にも役立っている。

☆医療機関／週に1回、出張診療がある。

☆学校施設／平良小・中学校がある。

☆店舗／スーパー1軒、食料品・雑貨屋2軒。

■産業&仕事の状況

近年、捕る漁業から作り育てる漁業へとその基盤の整備を図っている。と同時にボードセーリングやダイビングなどマリンスポーツが楽しめる島として観光にも力を入れている。

■交通の便

●海の交通／▼鹿児島県・串木野港から下甑島行きフェリー「こしき」で上甑島里港、中甑港経由、平良港へ2時間40分、1日1便。

■移住者のための相談窓口

上甑村企画課

☎09969・2・0001

下甑島（しもこしきじま）

下甑村と鹿島村の2つの自治体から成っている。薩摩半島の西方約50㎞に位置する下甑村。島の中央部には下甑島最高峰の尾岳など山々が南北に連なっている。

鹿島村は昭和24年に下甑村から分村した。

■面積・周囲・標高

面積は66・27㎢。周囲84・8㎞。標高は尾岳604m。

■人口

約3700人

■気候

黒潮の影響で年間を通して温暖。冬の最も寒い季節でも霜が降りることはない。

■暮らしぶり

☆医療機関／下甑村には医師常駐の診療所がある。歯科診療所もある。急患は自衛隊ヘリコプターを要請、鹿児島市の病院へ搬送。高齢者生活福祉センターもあり。

☆学校施設／下甑村には小学校5校、中学校2校がある。鹿島村には、鹿島幼稚園、鹿島小学校、鹿島中学校がある。高校はないため、中学を卒業すると主に鹿児島市に下宿し、市内の高校へ通う。

☆店舗／下甑村には商店が20〜30軒、食堂も数軒揃っている。鹿島村にはスーパー、食料品・雑貨屋すべてあり。

■産業&仕事の状況

観光産業と漁業が主。特に漁業においては広大な海域に好漁場を持ち、藺牟田漁港を拠点に、定置網・一本釣りなどによる高級魚の水揚量げも多い。また平成2年には企業（自動車用組電線製造業）の誘致を行い、現在は、主に女性就労の場として定着している。

■交通の便

●海の交通／▼鹿児島県・串木野港から高速船「シーホーク」で手打港へ1時間15分（1日1〜2便）、鹿島港へは1時間40分（1日2〜3便）。▼串木野港からフェリー「こしき」で上甑島里港経由で、下甑島鹿島港へは3時間10分、下甑島長浜港へ4時間、手打港へは4時間30分。1日1便。

■移住者の受け入れ状況

下甑村では以前、役場の職員を募集したところ、島外の応募者も多かった。保健婦や歯科衛生士も島外出身者を採用している。これも少し前だが、漁業後継者育成事業の一環で島外出身者を漁師として採用したことも。割安家賃での住宅提供も実施した。

鹿島村では積極的にIターンの相談を受け付けている。

■移住者のための相談窓口

下甑村経済課 企画室
☎09969・7・0311
鹿島村経済土木課企画課
☎09969・4・2211

伊豆諸島（東京都）

伊豆大島（いずおおしま）

東京の南海上約120㎞。伊豆諸島最大の島。島の中央には世界3大流動性火山として有名な三原山がそびえている。サーフィン、スキューバ、フィッシング、海水浴、クルージングといったマリンスポーツは一通り楽しめる。露天風呂もあり。

■面積・周囲・標高

面積は91・06㎢。周囲49・8㎞。標高は三原山764m。

■人口

約9400人

■気候

平均気温が15・8℃。本土よりも温暖で冬は温かく、夏は比較的涼しい。常春の島と呼ばれている。名物の椿を中心に四季折々の花が咲き誇る。

■暮らしぶり

東京都なので、大島を走る車のナンバーは品川ナンバー。

☆医療機関／町営の診療所に医師が交代で勤務。

☆学校施設／小学校、中学校あり。高校も2校。大島高校には都立高で唯一の海洋科がある。

☆店舗／スーパー10軒、食料品・雑貨屋十数件。生活用品は事足りる。

■産業＆仕事の状況

観光など第3次産業が約7割。島へ訪れる観光客は年間約40万人。それだけ観光に依存している島だといえる。その他農業が8％。花卉、野菜、果樹の栽培が盛ん。漁業は3％。5つの漁港があり、サバ、ムロアジ、イサキなどがとれる。

■交通の便

●海の交通／▼東京・竹芝桟橋から超高速船「セブンアイランド」で1時間45分。その他、熱海港、伊東港、稲取港、久里浜港からの便もある。

●空の交通／羽田空港から大島空港へ40分、1日3便。もしくは調布飛行場から9人乗りアイランダー機で30分、1日2便。

■移住者の移住状況＆受け入れ状況

看護師などは随時募集しているが、求人は決して多くはない。

■移住者のための相談窓口

大島町役場 企画財政課
☎04992・2・1441

利島（としま）

東京の南140kmの洋上にある。標高508m、三角形の美しい島だ。島の約8割の土地に椿が植られており、毎年、春になると島全体が椿の赤に包まれる。ツバキ油の生産量は実は利島が日本一。最近では、サクユリの栽培が盛んで、サクユリの球根を原料にした焼酎「さくゆり」も新たな特産物として注目されている。周囲には豊かな漁場が控えており、漁港の整備で水揚げを順調に伸ばしている。

■面積・周囲・標高

面積は4・12km²。周囲7・7km。標高は宮塚山508m。

■人口

約290人。

■気候

本土よりも温暖で冬は温かく、夏は比較的涼しい。常春の島と呼ばれている。名物の椿を中心に四季折々の花が咲き誇っている。

■暮らしぶり

家々の屋根には天水タンクがある。水道料金はやや高い。

☆医療機関／医師は1人。

☆学校施設／小・中あわせて30人の子どもたちが一つの学校へ通っている。高校はない。

☆店舗／大きなスーパーはない。商店は約5軒、他、食堂、スナックなどが数軒あり。

■産業&仕事の状況

観光など第3次産業が53%。農業15%、漁業が4%。島へ訪れる観光客は年間約7500人。

■交通の便

●海の交通／▼東京・竹芝桟橋から超高速船「セブンアイランド」で2時間20分。神津島行き「さるびあ丸2」で大島を経由して利島港へ9時間30分。1日1便。

●空の交通／大島空港から9人乗りヘリコミューターで利島へリポートへ10分、1日1便。

■移住者の移住状況&受け入れ状況

役場職員の約4割が島外の出身者。

■移住者のための相談窓口

利島村 産業建設課

☎04992・9・0011

新島（にいじま）

伊豆七島のちょうど真ん中に位置している。新島でしか採れない天然石・コーガ石は1782年（天明2年）ごろから向山で切り出され、ガラス製品などの原料として幅広く利用されている。島の東岸に約6・5kmも真っ白な砂浜が続く羽伏浦海岸（はぶしうら）がある。絶好の波が打ち寄せるため、世界的にもサーフィンスポットとして有名だ。海水浴場としても有名で夏になると多くの観光客で賑わう。

■面積・周囲・標高

面積は23・87km²。周囲28・2km。標高は宮塚山432m。

■人口

約2500人。

■気候

平均気温が17・3℃。年間を通して何らかの農作物の育成が可能。

■暮らしぶり

新島のキヌサヤは品質がいいと都内でも評判。昔から美味しい地下水が湧くことでも有名。

☆医療機関／診療所は2カ所。2人の医師が常駐。急患の場合は救急ヘリコプターで都内の病院へ搬送。

☆学校施設／小学校3校、中学校2校、都立高校1校。

☆店舗／スーパー4軒ほか、食堂やみやげ物店などが十数軒。

■産業&仕事の状況

観光など第3次産業が65%。農業2%、漁業が6%。島へ訪れる観光客は年間約6万5600人。

■交通の便

●海の交通／▼東京・竹芝桟橋から超高速船「セブンアイランド」で2時間25分。下り1日2便、上り1日1便。夜行船だと神津島行き「さるびあ丸2」で大島・利島経由、新島港へ10時間10分。1日1便。ただし、夏期には直行便を増便。竹芝桟橋から新島港へ7時間。1日1便。他、熱海港や下田港からも高速船が出ている。

●空の交通／調布飛行場から9人乗りプロペラ機で新島空港へ45分。1日4～5便。

■移住者の移住状況&受け入れ状況

Iターンの受け入れに積極的に取り組んでいる。新島郷土博物館整備事業や「島民塾」（新島村リーダー養成講座）、滞在型ふれあい農園施設などの事業も展開。

■移住者のための相談窓口

新島村役場 企画財政課企画調査室
☎04992・5・0240

式根島（しきねじま）

新島の南3kmのところにある島。まわりの伊豆諸島の島々のように高い山もなく、緑穏やかな平坦な島だ。複雑に入り組んだリアス式海岸とのコントラストが珍しい白浜の海岸がある。美しい風景の中で楽しめる海中温泉もあれば、エメラルドグリーンの海で遊べるマリンリゾートも充実。

■面積・周囲・標高

面積は3・9km²。周囲12・2km。標高は109m。

■人口

約600人。

■気候

平均気温が17・3℃。

■暮らしぶり

ビタミン等の豊富な野草あしたばが島のあちらこちらに自生している。ツワブキなどの山菜も多い。海中温泉が2カ所、露天・温泉施設が2カ所ある。

☆医療機関／村立式根島診療所に東京医大の医師が3カ月交替で勤務。急患は昼間は東京消防庁、夜間は自衛隊ヘリコプターを要請し、都内へ搬送。

☆学校施設／保育園、小、中の一貫教育。島には高校がないため、中学卒業と同時に都内の高校へ進学し、自立して生活する子どもも多い。

☆店舗／商店が数軒ある。食堂やみやげ物店なども数軒ずつ。

■交通の便

●海の交通／▼東京・竹芝桟橋から超高速船「セブンアイランド」で2時間

25分。夜行船だと神津島行き「さるびあ丸2」で大島・利島・新島経由、野伏港へ10時間40分。1日1便。他、熱海港からの便もあり。新島からは村営連絡船「にしき2」で野伏港へ10分。1日3～4便。

■移住者の移住状況&受け入れ状況

Iターン受け入れに積極的。ふるさと構想研究会「島内花いっぱい運動」、式根島青年漁業研究会「漁具・漁法調査研究事業」が繰り広げられている。

■移住者のための相談窓口

新島村役場　企画財政課企画調査室

☎０４９９２・５・０２４０

神津島（こうづしま）

ちょうど伊豆諸島の中間に位置する。その昔、伊豆諸島の神々が集まって水配りの会議を開いたという伝説が、神津島という名の由来。海と奇岩が神秘的な雰囲気をかもし出し、なおかつ豊富な湯量の温泉があるため、家族連れからカップルまで楽しめるリゾート地として人気も高い。海の透明度、清潔度は日本一と言われている。水の美味しさは伊豆七島随一。

■面積・周囲・標高

面積は18・８７㎢。周囲33・３㎞。標高は天上山５７４m

■人口

約２２００人。

■気候

温暖ですごしやすい。

■暮らしぶり

山と緑に恵まれており、島内各所に美しい清水が沸いている。その水質と純粋な美味しさには定評がある。6～9月中旬、神津で行われる漁（タカベ）は今なお、昔ながらの形態を残す勇壮な漁。網を水中で移動させ、魚を追い込む方法だ。冬になると、神津の漁師はカジキ漁を行う。

☆医療機関／医師は2人。看護師6人が診療所に常駐。急患は東京消防庁のヘリコプターを要請し、都内の病院へ搬送。

☆学校施設／小学校、中学校、都立高校がある。

☆店舗／商店は60軒ほどある。食堂やスナックも多い。

■産業&仕事の状況

農業、漁業、観光が島の３大産業。10年ほど前から観光に力を入れており、温泉保養センター、神津島空港なども完成。

■交通の便

●海の交通／▼東京・竹芝桟橋から超高速船「セブンアイランド」で2時間45分。夜行船だと神津島行き「さるびあ丸2」で大島・利島・新島・式根島経由、神津島港へ11時間20分。1日１便。夏期の増便あり。熱海港から大島・新島経由便あり。下田港からは「あぜりあ丸」で神津島港へ３時間30分。1日1便あり。ただし水曜日は運休。

●空の交通／調布飛行場から神津島空港まで約55分、1日3便。

■移住者のための相談窓口

神津島村産業観光課

☎０４９９２・８・００１１

御蔵島（みくらしま）

東京から南へ200km。東西5km、南北5・5kmのほぼ円形の島。周囲が高さ100〜480mにおよぶ断崖に囲まれているため、海上から見るとおわんを伏せたような形だ。水資源に恵まれており、手つかずの自然も多く残る。最近はイルカウォッチングの島としても脚光を浴びている。

■面積・周囲・標高

面積は20・58km²。周囲16・44km。標高は御山《おやま》851m

■人口

約280人。

■気候

温暖ですごしやすい。

■暮らしぶり

集落は島の北側1カ所のみ。しかも端から端まで1km足らず。今は毎日船便があり、ヘリコミューターの定期運航も開始されているため、便利になってきた。しかし、ヘリも船も欠航が多いので注意。水と緑が豊富なため、水不足で困ることはない。大島分川に水力発電所があり、島の電力の一部をまかなっている。

☆**医療機関**／村営の診療所に医師と看護師が常駐。急患は東京消防庁のヘリコプターを要請し、都内の病院へ搬送。

☆**学校施設**／小・中合わせても40人程度の生徒数のため、小・中学校は併設されている。高校はない。

☆**店舗**／雑貨店が3軒ほど。

■産業&仕事の状況

第3次産業、観光で成り立っている。周辺の海域には、バンドウイルカが生息し、1年を通じて見られるため、イルカウォッチングを目的に来島する観光客が増えている。島では節度あるウォッチングのために「イルカ協会」も発足している。

■交通の便

●海の交通／▼東京・竹芝桟橋から八丈島行き「すとれちあ丸」で7時間50分。

●空の交通／八丈島空港から御蔵島へリポートへ25分。1日1便。

■移住者の移住状況&受け入れ状況

役場職員の新規採用はここ数年、島外出身者ばかり。島への定住をのぞむ人はまず役場に連絡してみよう。40歳までなら応募可能。

■移住者のための相談窓口

御蔵島村産業建設課・総務課

☎04994・8・2121

八丈島（はちじょうじま）

東京から287kmの太平洋上に浮かぶ、南国情緒豊かな島。2つの山を擁している。島の形はさながらひょうたん型。ヤシ、シダ類の亜熱帯植物が生い茂り、フリージア、ハイビスカス、アロエなどの花々が咲き乱れ、島の自然の美しさを一層引き立てている。

■面積・周囲・標高

面積は69・52km²。周囲51・3km。標高は八丈富士（西山）854m

■人口

約9300人。

■気候

年間平均気温が18・1℃。高温多湿

で雨が多い。南の楽園、花の島という名がぴったり。夏にはハイビスカスの花が島のいたるところで咲き誇る。

■暮らしぶり

ダイビング、フィッシング、サーフィン、ボディーボードなど1年中マリンスポーツが楽しめる環境にある。島内には温泉が6カ所あり、銭湯感覚で誰でも気軽に楽しめる。平成11年3月から東京電力が関東地方初の地熱発電所を開始。風力発電設備の建設も始まっている。

☆医療機関／町営の病院には内科・外科・小児科・産婦人科がある。

☆学校施設／小学校5校、中学校4校、都立高校1校。

☆店舗／商店などが40軒以上ある。食堂なども多い。

■産業&仕事の状況

第3次産業が約6割。その他では地理的条件を生かした漁業、自然的条件を生かした観葉植物の栽培が盛ん。なかでもフェニックス・ロベレニーの生産は日本一を誇っている。伝統工芸では黄八丈織りと八丈焼が有名。

■交通の便

●海の交通／▼東京・竹芝桟橋から八丈島行き「すとれちあ丸」で10時間40分。1日1便。

●空の交通／羽田空港から八丈島空港へ45分、1日4便。

■移住者の移住状況&受け入れ状況

役場職員を年に数回募集している。東京都の広報誌などで情報が得られる。ここ数年、八丈島へ移住する人々は微増中。やはり東京からの空の便が多く、一番東京に近い、便利な南の島だからだろう。

■移住者のための相談窓口

八丈町総務課

☎04996・2・1121

青ケ島（あおがしま）

八丈島からさらに南へ67kmの太平洋上に位置する。島の周囲は断崖絶壁に囲まれ、島の中心には見事なまで形の整った、世界でも希有な二十式火山がある。西側斜面には今でも蒸気を吹き出している地熱地帯がある。

■面積・周囲・標高

面積は5・98km²。周囲9・4km。標高は大凸部（おおとんぶ）423m。

■人口

約200人。

■気候

気温は温暖。

■暮らしぶり

連絡船が入港する日は島が活気づく。ヘリの予約もなかなかとれないし、連絡船の欠航も多い。欠航があまりに続くと、船の入港時に島に2軒しかない商店に人々が並ぶことも。

☆医療機関／青ケ島診療所がある。医師は東京都から派遣。緊急時は東京都に救急ヘリコプターを要請し、都内へ搬送。

☆学校施設／小・中学校は併設。高校はない。

☆店舗／食料品を含めた雑貨店が2軒。スナック・居酒屋が1軒ずつ。

■産業&仕事の状況

八丈島からヘリ・コミューターの就

航によって、人の動きが活発になり、黒毛和牛と焼酎「青酎」、パッションフルーツの島になりつつある。

■**交通の便**

●海の交通／▼八丈島・八重根《やえね》港から「還住丸」で青ケ島港へ2時間30分、週5便。▼八丈島・底土《そこど》港から「黒潮丸」で青ケ島港へ4時間、週1便（土曜のみ）。

●空の交通／八丈島空港から青ケ島ヘリポートへ20分。1日1便、日曜運休。

■**移住者の移住状況＆受け入れ状況**

青ケ島役場では欠員が派生次第、職員を募集している。Iターン者の受け入れに関しては積極的。島の制度として「結婚祝い金」「出産祝い金」「子育て教育助成」などがある。

■**移住者のための相談窓口**

青ケ島村役場　総務課
☎０４９９６・９・０１１１

小笠原諸島（東京都）

父島（ちちじま）

東京の南南東約１０００㎞のところにある小笠原諸島。その中で最も大きいのが父島だ。戦前は、野菜・花栽培、カツオ・マグロ漁などが主に営まれていたが、戦時中は海軍飛行場などが作られ、１９４４年には住民のほとんどが本土へ強制疎開、戦後はアメリカ軍統治下で欧米系の住民１２０人の帰島は認められたものの、その他の住民は昭和43年の日本返還まで帰ることができなかった。

最近は「癒しの島」として注目され、若い人々が小笠原を訪れるようになった。ダイビングなどのマリンスポーツだけでなく、ホエールウォッチングやアオウミガメの産卵、イルカなど、ダイナミックな手つかずの自然に魅了される人々が多い。

■**面積・周囲・標高**

面積は23・９９㎢。周囲52・０㎞。標高は中央山付近３２６ｍ。

■**人口**

約２０００人

■**気候**

年間平均気温が約23℃。霜や雪はまったく見られない。気温の年較差も少ないためしのぎやすい気候。

■**暮らしぶり**

定期船が５〜６日に１便程度なので、入港日には生鮮食品や新聞、雑誌などが並び商店街には住民が殺到する。物価はやや高め。テレビは平成８年４月からＮＨＫ２局と、民放６局が視聴できるようになった。

☆**医療機関**／診療所には医師２人、歯科医師１人が勤務。年に１〜２回、整形外科・皮膚科・耳鼻咽喉科・眼科の専門診療が実施される。都立病院とを結ぶ画像伝送システムがある。急患は自衛隊の協力で飛行艇で都内の病院へ搬送する。

☆**学校施設**／小・中あわせて生徒は約１７０人。都立小笠原高校もあるが、多くの子供たちは高校から都内へ進学するようだ。
☆**店舗**／スーパーなど商店は4軒、その他食堂や喫茶店などがある。

■産業&仕事の状況

現在は観光を中心とする第3次産業従事者が約7割。第2次産業が約2割。

■交通の便

●海の交通／▼東京・竹芝桟橋から「おがさわら丸」で二見港へ25時間30分。月4～6便。

■移住者の移住状況&受け入れ状況

特に島外からの受け入れ施設や、定住事業は行っていない。しかし、村役場職員は年に1～2回募集している。東京都の広報に掲載されることがあるのでチェックしてみるといいだろう。島内の飲食店や民宿などでアルバイトを募集することもあり。漁師の募集も時々ある。

■移住者のための相談窓口

小笠原村企画財政課
☎04998・2・3112

母島（ははじま）

父島の南約50kmのところにある、南北11kmの細長い島。父島を出航した定期船は約2時間で母島の沖港に到着する。父島以上に鬱蒼とした亜熱帯樹林が広がり、訪れるものを圧巻する。父島が観光の島、一大リゾート地であるのに対して、母島は人も自然も素朴さを残し、なおかつ農業と漁業の伝統をしっかりと守っている。父島同様、ホエールウォッチング、シュノーケリングなども楽しめる。

■面積・周囲・標高

面積は20・80km²。周囲58・0km。標高は乳房山463m。父島と広さはほぼ変わらないが、人口は4分の1。観光客も少ないので広々としており、解放感がある。

■人口

約450人。

■気候

父島と同様。

■暮らしぶり

夜、11時を過ぎると飲食店はすべて店じまい。買い物も農協・漁協の売店と1軒の商店で6時まで。
☆**医療機関**／医師1人、歯科医師1人。父島同様、画像伝送システムを整備している。急患は自衛隊の協力でヘリポートから父島か硫黄島を経由して飛行艇で都内の病院へ搬送される。
☆**学校施設**／小、中学校に合わせて40名前後の児童・生徒がいる。高校はないので父島の小笠原高校か都内の高校へ進学。その際は寄宿舎に入る。
☆**店舗**／雑貨屋・売店が3店ほど。食堂やスナック、居酒屋も数軒あり。

■産業&仕事の状況

観光産業が中心だが、父島よりも農業・漁業に従事する人々の比率は高い。

■交通の便

●海の交通／父島・二見港から「ははじま丸」で沖港へ2時間、週5便。

■移住者の移住状況&受け入れ状況

母島漁協に所属する漁船の船主が東京中心に発売している求人誌で乗組員

を募集したところ、かなりの反響があり、平成5年の春に8人の若い人たちが来島、島で生活している。現在のところ、漁協での乗組員の募集は出ていないが、今後またこうした募集の可能性はありそうだ。

■移住者のための相談窓口

小笠原村企画財政課

☎04998・2・3112

〔島関係の情報窓口〕

国土交通省・地域整備局離島振興課

東京都千代田区霞ケ関2-1-3

☎03・5253・8111

（内線33-123）

財団法人　日本離島センター

東京都千代田区永田町1-11-32

全国町村会館西館5階

☎03・3591・1151

※昭和41年に設立された法人。離島の振興を促進して島民の生活の安定と福祉の増進を図り、合わせて国民経済の発展に寄与することを目的に、離島に関する調査研究や情報収集などを行っている。

財団法人　東京都島しょ振興公社

東京都港区海岸1-16-1

ニューピア竹芝　サウスタワー3階

☎03・5472・6546

※伊豆七島および小笠原諸島の町村と、東京都が共同で島しょ地域の産業と観光振興を促進し、設立された公社。島おこしに必要な情報収集や観光振興、人材育成などをを行っている。

〔参考文献〕

『日本の島ガイド「SHIMADAS」』

（財団法人日本離島センター刊）

おわりに

今回、日本の「南の島」へ移住した人々の話をまとめた。

移住された方々の話を聞いていると、南の島に住むことを決意した理由のほとんどが「島の人の温かさ」だった。しかし、実際に鹿児島県・沖縄県の島をいくつかまわってみて、「南の島」は気候や元々島に住んでいる人だけでなく、「島へ移住した人々」もみんな温かい。そう思った。

なんだろう、この温もりは。心がほだされた。取材だというのにまるで親戚のウチにでも遊びに来ているような感じに陥り、すっかりなごんでいた。時間の経過を忘れたことも1度や2度ではなかった。

訪問させていただいた先々で美味しいものもいっぱい食べさせてもらった。島の特産品や郷土料理はもちろんなのだが、なかでも印象に残っているのは奄美大島へ移住された柴田さんが作ってくれたラーメンだった。ちょうど取材をしていたら、お昼近い時間になってしまった。柴田さん夫婦の住む名瀬市根瀬部のあたりにはレストランも食堂もほとんど見当たらない。近くの雑貨屋でパンでも買って砂浜で食べるかな、などと思っていたら、「ラーメンくらいしかできないけれど」と言って、作ってくださったのだった。半熟の卵に加え、さまざまな具を添えてくれたラーメンは本当に美味しかった。熱いラーメンの汁を飲みながら、心までホカホカ温かくなっていくのを感じた。

そういえば、種子島へ移住された藤村さんが「この島では運転中、道を歩いているお年寄りを見かけたら、〝どこまで行くの〟と声をかけ、そのお年寄りを乗せていく。それが当たり前なんだよ」と話していた。私自身も、屋久島で獣医師の井上さんを訪ねて山道を歩いているとき、後ろから走ってきた軽トラのおじさんが「どこまで行くの？」と言って声をかけてくれ、井上さん宅まで乗せてもらった。おじさんは定年後屋久島へ移住し、ポンカン栽培をしているという人で、わずかな道中ではあったが、いろいろ話を聞かせてくれた。

こういうさり気ない心づかいや、人と人との触れ合いが、島の人々および島へ移住した人々には、ごくごく当たり前のこと、日常のこととして息づいている。決して、無理をしているわけではなく、ごくごく自然に「困っている人」がいれば、手を差し伸べる。話しかける。それがもう、習慣になっている。

だから、心地よいのだとも思う。

奄美に「テゲテゲ」という言葉がある。「もっと肩の力を抜いて、ゆっくり楽にしようよ」という意味だ。そういえば、沖縄には「なんくるないさ」という方言がある。「なんとかなるよ」という意味だ。「イチャリバチョーデー」も好きな沖縄言葉のひとつ。「会えば、みな兄弟」という意味である。

こんなふうにどの島にも人の心を楽にしてくれる言葉がたくさん残っており、それらを人々が自然に今なお使っている。そういうところもニッポンの南の島の「心地よい」ところなのかもしれない。肩ひじはらず、のびやかに生きていこうよ、という姿勢が根底に貫かれている。それはどの島においても同じだと思う。

南の島に住みたい！

そう強く感じている人にはぜひ、ここに登場してくださった移住者の方々のようにご自身の夢を叶えていただけたらと思います。本当にニッポンの南の島はいいです！「楽園」以上の何かがいっぱいつまっています。

それにしても、本当に多くの方々にお世話になりました。

取材にご協力いただいた方々、本当にありがとうございました。

なかでも西之表市役所の長吉さんには、本当に感謝の気持ちをどう表現したらいいのかわからないくらい、お世話になりました。数多くの移住者の方々を紹介してくださり、そして移住者とともに種子島を盛り上げていきたいと、いろいろお話していただいたこと、本当に感謝しています。ありがとうございました。

名瀬市の花井さんにも大変お世話になりました。花井さんに連れて行って、見せていただいた奄美大島の夕日：決して忘れることはないでしょう。

そして、東洋経済新報社出版局の松本さん、すっかり「島時間」に染まってしまったかのごとく、原稿が遅れてしまい、ご迷惑をおかけしました。根気強く待っていただいたことに深く感謝いたします。

2002年7月吉日

フリーライター　いのうえ　りえ

著者紹介

いのうえりえ（井上理江）

フリーライター．愛知県出身．南山短期大学英語科卒業後，広告代理店，編集プロダクションを経てフリーランスに．人物ルポ&インタビューを中心に，雑誌や単行本，新聞などの執筆に従事．得意分野は仕事，生きかた，女性，シニア，教育，職人，料理，旅行などをテーマにしたもの．

主な著書は『脱サラ・つぎの仕事は農業・漁業』（同文館），『いますぐ始める介護・福祉の資格ガイド』（中央経済社・共著），『調理師になる法』（日本実業出版社・共著）など．

南の島に住みたい！

2002年 8 月15日　第 1 刷発行
2004年 1 月29日　第 2 刷発行

著者　いのうえりえ
発行者　高橋　宏

発行所　〒103-8345 東京都中央区日本橋本石町1-2-1　東洋経済新報社
電話　編集03(3246)5661・販売03(3246)5467　振替00130-5-6518

印刷・製本　東洋経済印刷

Printed in Japan　ISBN 4-492-04182-6　http://www.toyokeizai.co.jp/